JN022554

シリーズ▶ 財産評価の現場

土地の評価単位

税理士 風岡範哉 [著]

ぎょうせい

は し が き

　評価単位をどのように判定するかによって，土地の地型や地積が変わる。土地の地型が変われば，不整形地補正，側方（三方，四方）路線加算の有無，無道路地補正といった各種の画地補正率に影響を与える。

　また，評価単位を一体とするか細分化するかで地積が変わる。地積が変われば，従来，広大地補正の適否がわかれて評価額が大きく異なる結果となった。平成30年からは地積規模の大きな宅地の評価の適否に大きな影響を与え，一層重要な論点となっている。

　その評価単位とは，宅地と農地，自用地と貸宅地といった地目や権利関係が複雑に交錯する土地を，どのような単位として評価すべきかという問題である。

　評価単位の判定にあたっては，ある土地を宅地とみるか農地とみるか，1筆のうちどこからどこを切り離すかなど，評価担当者の判断に委ねられる部分が多くあり，その判断を巡っては，納税者と課税庁との間で見解の相違が生じることが少なくない。

　そのような評価単位の問題を，税理士が適正に判断するためには，財産評価基本通達の取扱いを理解するのみでは足りず，裁判例や裁決例，国税庁質疑応答事例，さらには，不動産の知識や建築基準法，都市計画法といった行政法規の知識が必要となってくる。

　したがって，本書は，土地評価に携わる実務家向けに，それらの知識，情報を整理し，相続税や贈与税の計算のために影響の大きい評価単位を適正に判断できることを目的としている。

　なお，本書では非公開裁決も含めた裁判例や裁決例を掲載しているが，今日その情報が収集できるのも TAINS（税理士情報ネットワークシステム）税法データーベース編集室の方々のご尽力によるものであり，この場を借りて御礼申し上げたい。

最後に本書の刊行の機会を与えてくださった株式会社ぎょうせいに御礼申し上げたい。

令和3年9月

税理士　風岡　範哉

目 次

はしがき

第7章　貸家建付地と評価単位

凡　例

相法……………………相続税法

民………………………民法

建基法…………………建築基準法

都計法…………………都市計画法

評価通達………………財産評価基本通達

使用貸借通達…相続税関係個別通達「使
　　　　　　　用貸借に係る土地につい
　　　　　　　ての相続税及び贈与税の
　　　　　　　取扱いについて」

＊本文中における，裁判例の「原告」，裁決例の「審査請求人」は
　納税者のことをいい，裁判例の「被告」，裁決例の「原処分庁」
　は課税庁（税務署）のことをいう。

第1章
評価単位の総論

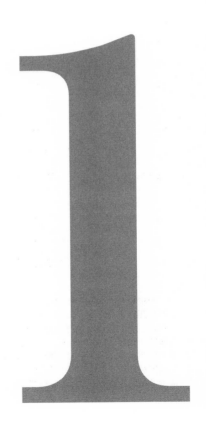

1 評価単位とは

　相続税や贈与税における土地の評価は，1区画（一まとまり）の土地ごとに行う。

　被相続人が居住していた一般的な戸建住宅100㎡であれば1区画の単位の判断は容易である。

　しかし，土地はそのような明確なものばかりではない。自宅と畑，山林，雑種地，貸地などが複雑に交錯しているケースもある。

　そこで，評価単位とは，複数の地目や利用状況，権利関係が混在する土地について，どのような1区画の土地として評価すべきかという問題である。

　この問題は，土地について個別性が強いこと，評価単位の判定に評価担当者の判断が介入することから，財産評価基本通達が創設された昭和30年代からその判定をめぐって納税者と課税庁との間で争いの絶えないものとなっている。

　評価単位をどのように判定するかによって，土地の地型が変わってくる。土地の地型が変われば，不整形地補正，側方（三方，四方）路線加算の有無，無道路地補正といった各種画地補正率に影響を与える。

　さらに，平成30年から新設された地積規模の大きな宅地の評価は，まずは地積によってその適否がわかれるため，評価単位を一体とみるか別々とみるかで評価額が大きく変わってくる*1。したがって，

＊1　地積規模の大きな宅地は，三大都市圏においては500㎡以上の地積の宅地，三大都市圏以外の地域においては1,000㎡以上の地積の宅地が対象となる。

　　ただし，(1)市街化調整区域に所在する宅地，(2)工業専用地域に所在する宅地，(3)容積率が400％（東京23区においては300％）以上の地域に所在する宅地，(4)普通商業・併用住宅地区及び普通住宅地区以外の地区に所在する宅地は除かれる。

　　地積規模の大きな宅地に該当すると，奥行価格補正率や不整形地補正率などの各種画地補正率に加えて（地積や所在する地区に応じて）2割以上の減価が適用される。

近年では，より一層評価単位が重要な論点となっている。

　そこで，本書においては，税務通達，国税庁質疑応答事例，判例・裁決を総合的に検証して実務上の注意点を紹介していきたい。

2　財産評価基本通達の定め

　相続や贈与により取得した土地は，取得の時における「時価」によって評価する（相法22）。その時価とは，課税時期において，不特定多数の当事者間で自由な取引が行われる場合に通常成立すると認められる価額をいう*2。

　ただし，財産の価額を客観的かつ適正に把握することは必ずしも容易なことではなく，また，納税者ごとに財産の評価の方法が異なることは公平の観点から好ましくないことから，課税実務上，国税庁長官が発した通達である財産評価基本通達（以下「評価通達」という。）に基づいて，土地の評価が行われている。

　そこでは，評価単位に関して2つの規定が設けられている。「土地の評価上の区分」（評価通達7）及び「評価単位」（評価通達7－2）である。

　評価通達7においては，土地の価額は，原則として，宅地，田，畑，山林，原野，牧場，池沼，鉱泉地及び雑種地という地目の別に評価するということが定められている。

　そして，評価通達7－2においては，同じ地目の中でも，宅地は利用の単位，畑は耕作の単位など，さらに細分化されることが定められている。

　本書においては，この2つの規定に基づいて様々なケースを検討してみたい。

＊2　東京地裁平成4年3月11日判決〔税務訴訟資料188号639頁〕，東京地裁平成9年1月23日判決〔税務訴訟資料222号94頁〕など。

3 土地の評価上の区分

(1) 地目別評価の原則

　まず，評価通達7においては，土地を宅地，田，畑，山林，原野，牧場，池沼，鉱泉地及び雑種地といった9つの地目の別に評価することとされている（7項本文）。

　これは，課税時期における現況による地目の異なるごとに，価格形成要因が異なると考えられるためである。

(2) 例外的な取扱い1（7項ただし書き）

　ただし，2以上の地目が一体として利用されている一団の土地については，そのうちの主たる地目からなる1単位として評価することとされている（評価通達7ただし書き）。

　例えば，ゴルフ練習場用地においては，クラブハウス敷地（宅地）と芝生，駐車場部分（雑種地）といったように，2以上の地目が一体として利用されている場合がある。そのような場合において，その一団の土地をそれぞれ地目ごとに区分して評価することになると，一体利用されていることによる効用が評価額に反映されないことになる*3。

　したがって，このような場合には，実態に即した評価を行うため，例外的に，その一団の土地は，そのうちの主たる地目からなるものとして，その一団の土地ごとに評価するものとされている。

(3) 例外的な取扱い2（7項なお書き）

　また，市街化調整区域以外の市街地的形態を形成する地域（主と

---

* 3　東京地裁平成26年1月24日判決〔税務訴訟資料264号順号12395〕

して市街化区域）において，市街地農地，市街地山林，市街地原野または宅地と状況が類似する雑種地（以下，あわせて「市街地農地等」という。）のいずれか２以上の地目の土地が隣接しており，その形状，地積の大小，位置等からみてこれらを一団として評価することが合理的と認められる場合には，その一団の土地ごとに評価するものとされている*4。

　なぜなら，市街地農地等については，その現況が宅地でないとしても，近隣の宅地の価額の影響を強く受けていることから，これらの土地が宅地であるとした場合の価額を算出するからである*5。これらの土地を宅地転用したものと想定したとき，一団の土地として評価することが合理的と認められる場合に，その評価方法の同一性に着目して，１つの評価単位とする。

(4)　問　題　点

　そこで，評価通達７において問題点が３つ挙げられる。

　第一に，地目とは何かという点である。例えば，宅地の一部に農耕地がある場合にこれが宅地か農地かという論点である*6。

　第二に，評価通達７ただし書きにおいて，どのような場合に２以上の地目が一体として利用されていると判断されるのかという点である。

　第三に，評価通達７なお書きにおいて，どのような場合に市街地農地等の２以上の地目を一団の土地として評価することが合理的と判断されるのかという点である。

　以下，それぞれの問題点について検討を加えていく。

＊4　東京地裁平成26年１月24日判決〔税務訴訟資料264号順号12395〕
＊5　市街地農地等の評価にあたっては，原則として宅地であるとした場合の価額から宅地に造成するために通常必要と認められる標準的な造成費等を控除して評価額を算出する（評価通達40，49，58－3，82）。いわゆる宅地比準方式である。
＊6　これはそもそも農耕地自体を宅地とみるか農地とみるかといった論点である。後述の宅地と農地を一体として評価すべきか否かといった論点とは異なるものである。

4　地目とは何か

　「地目」とは，「土地の用途による分類（不動産登記法２）」をい
い，不動産登記事務取扱手続準則（平成17年２月25日付民二第456

●図表－１　23の地目の定義

番号	地目	定義
(1)	田	農耕地で用水を利用して耕作する土地
(2)	畑	農耕地で用水を利用しないで耕作する土地
(3)	宅地	建物の敷地及びその維持若しくは効用を果すために必要な土地
(4)	学校用地	校舎，附属施設の敷地及び運動場
(5)	鉄道用地	鉄道の駅舎，附属施設及び路線の敷地
(6)	塩田	海水を引き入れて塩を採取する土地
(7)	鉱泉地	鉱泉（温泉を含む。）の湧出口及びその維持に必要な土地
(8)	池沼	かんがい用水でない水の貯留池
(9)	山林	耕作の方法によらないで竹木の生育する土地
(10)	牧場	家畜を放牧する土地
(11)	原野	耕作の方法によらないで雑草，かん木類の生育する土地
(12)	墓地	人の遺体又は遺骨を埋葬する土地
(13)	境内地	境内に属する土地であって，宗教法人法３条２号及び３号に掲げる土地（宗教法人の所有に属しないものを含む。）
(14)	運河用地	運河法12条１項１号又は２号に掲げる土地
(15)	水道用地	専ら給水の目的で敷設する水道の水源地，貯水池，ろ水場又は水道線路に要する土地
(16)	用悪水路	かんがい用又は悪水はいせつ用の水路
(17)	ため池	耕地かんがい用の用水貯留池
(18)	堤	防水のために築造した堤防
(19)	井溝	田畝又は村落の間にある通水路
(20)	保安林	森林法に基づき農林水産大臣が保安林として指定した土地
(21)	公衆用道路	一般交通の用に供する道路（道路法による道路であるかどうかを問わない。）
(22)	公園	公衆の遊楽のために供する土地
(23)	雑種地	以上のいずれにも該当しない土地

号法務省民事局長通達）第68条及び第69条において，23の地目の定義が定められている（図表－1）。

財産評価基本通達における地目の判定は，基本的には同準則の定義を準用するが*7，評価通達上の「山林」には，同準則第68条の「⒇保安林」を含み，また同「雑種地」には，同準則第68条の「⑿墓地」から「㉓雑種地」まで（「⒇保安林」を除く。）に掲げるものを含むものとされている。

また，駐車場，ゴルフ場，遊園地，運動場，鉄軌道等の用地は雑種地となる。

5 宅地か農地か

(1) 宅地とは

そこで，例えば，宅地の一部に農耕地がある場合，これが宅地か農地かという点である。

宅地とは「建物の敷地及びその維持若しくは効用を果たすために必要な土地」をいう。ここにいう「維持若しくは効用を果たすために必要な土地」とは，単に建物の敷地のみをいうのではなく，建物の風致又は風水防に要する樹木の生育地及び建物に付随する庭園又は通路等のように，それ自体単独では効用を果たせず，建物の敷地に接続し，建物若しくはその敷地に便益を与え，又はその効用に必要な土地をいうものと解されている*8。

(2) 農地とは

農地とは，耕作の目的に供される土地をいい（農地法2①），耕作とは，土地に労費を加え肥培管理を行って作物を栽培することを

＊7　国税庁質疑応答事例「土地の地目の判定－農地」
＊8　平成17年5月31日裁決〔TAINS F0－3－298〕

いう。農耕地で用水を利用して耕作する土地が田であり，用水を利用しないで耕作する土地が畑である。また，耕作の方法によらないで竹木の育成する土地が山林であり，耕作の方法によらないで雑草，かん木類の育成する土地が原野である。

耕作の目的に供される土地とは，現に耕作されている土地のほか，数年前から耕作しないで放置されている土地について，耕作しようとすればいつでも耕作できるような，客観的に見て耕作の目的に供されると認められる土地（休耕地，不耕作地）を含むとされている*9。

一方，長期間放置されていたため，雑草等が生育し，容易に農地に復元し得ないような状況にある場合には原野又は雑種地と判定することになる。

(3) 宅地か農地か

宅地の一部にある農耕地が，宅地の休閑地利用等のための家庭菜園である場合は畑に該当しないものとされているが*10，その農耕地を家庭菜園として宅地とみるか，独立した農地とみるかは判断の難しい論点である。

そのような隣接する農地や山林を宅地とみるか否かが争われた事例に次の(i)～(iii)がある。

(i) 登記地目が畑である土地を宅地として評価した事例

平成15年6月20日裁決〔TAINS　F0－3－131〕は，居住用建物に隣接する土地について，宅地とすべきか，畑とすべきかが争われた事案である。

図表－2の③⑤⑥部分は宅地であり，④部分（138.32㎡）は，固定資産税の課税地目（以下「課税地目」という。）が畑であるが，農具小屋が建てられているほか，庭石が置かれ，庭木が植えられていた。

---

*9　国税庁質疑応答事例「土地の地目の判定－農地」
*10　国税庁質疑応答事例「納税猶予の対象となる農地(2)」参照

●図表－2　本件土地に係る原処分庁が認定した宅地評価部分

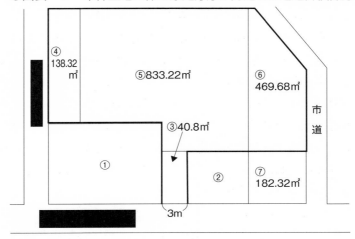

なお，評価対象地は市街化調整区域に所在している。

　本件④部分について，審査請求人は，相続開始日における利用状況からみて畑として評価すべきと主張し，原処分庁は，図表－2の③，④，⑤及び⑥の部分（合計面積1,482.02㎡）は，相続開始日における現況が宅地と認められると主張した。

　裁決は，本件④部分には農具小屋が建てられており，原処分の税務調査が行われた当時，農具小屋のほかに，庭石が置かれ，庭木が植えられるなどしており，居住用建物の敷地の一部となっていたと認めるのが相当であると判断している。

(ⅱ)　登記地目が山林である土地を宅地として評価した事例

　また，登記地目が山林である土地が宅地として評価された事例として平成23年1月18日裁決〔TAINS・F0－3－272〕がある。

　本件においては，別荘敷地（宅地）に介在する樹木が繁茂する部分について，山林として評価すべきか，宅地の一部として評価すべきかが争われた。

　評価の対象となった本件土地は，相続開始日において，登記地

目及び課税地目がいずれも山林であった。

　本件土地は，倍率地域に所在し，北側道路に約３ｍ接し，その道路からの奥行距離は約12ｍ，公簿地積35㎡のほぼ長方形の土地であり，道路に接している北側を除く他の三方は被相続人の所有する別荘敷地である宅地（3,817.57㎡）に囲まれており，その別荘敷地と併せて周辺にフェンスが設置されていた。

　本件土地の評価単位について，原処分庁は，これに隣接する被相続人の所有する別荘用の敷地である宅地と区別がつかない状態で一体として利用されているから，別荘用地と同様に宅地として評価すべきであると主張した。

　これに対し，審査請求人は，本件土地は，自然の樹木が生い茂る山林で，登記上の地目も山林であり，宅地への転用が見込めないことから近隣の純山林の価額に比準して評価すべきであると主張した。

　裁決は，本件土地は，被相続人の別荘敷地である宅地に隣接し，その別荘敷地と併せて周辺にフェンスが設置されていたことからすれば，被相続人の別荘敷地と物理的な区分がなく一体として利用されていたと認めるのが相当であるから，本件土地は，建物の維持若しくは効用を果たすために必要な土地である被相続人の別荘敷地と一体として評価するのが相当と判断している。

(iii)　農地として宅地と別評価した事例

　平成19年６月４日裁決〔TAINS　Ｆ０－３－316〕は，評価対象地が宅地か畑かが争われた事案である。

　評価の対象となったＡ土地（自宅敷地）及びＢ土地（畑。以下，あわせて「本件各土地」という。）の概要は以下のとおりである。

(イ)　本件Ａ土地（1,610.52㎡）は，南東側で幅員約2.4ｍの公衆用道路（以下「本件市道」という。）を包むように接している逆凹型の土地で，本件市道に路地状部分で約16ｍ，行き止まり部分で

約2.4m接している。本件市道に路線価は付されていない。

㋺　本件B土地（567m²）は，南東側で幅員約5mの県道に約17.5
　m，北東側で本件市道に約32.5m接面するほぼく形の土地である。

㋩　平成15年度の固定資産評価証明書には，本件A土地は，現況
　地目及び登記地目が宅地である旨，本件B土地は，現況地目及
　び登記地目は畑である旨の記載がある。

㋥　本件B土地は，相続開始日以後，地目変更により畑から宅地
　に変更されている。

　本件各土地の評価単位について，請求人は，本件B土地につい
ては，平成11年9月30日までは耕作が行われ，そこで栽培した農作
物を出荷していたものの，その後は，農業の用に供された土地では
なく，単なる家庭菜園として被相続人の自宅敷地であった本件A
土地と一体で利用されていたものであるから，一団の土地として評
価されるべきであると主張した。

　これに対し原処分庁は，本件B土地は，相続開始日において，
それぞれが1画地の農地として利用されていたものと認められ，宅
地である本件A土地とは区分して評価すべきであると主張した。

　裁決は，本件A土地については，被相続人の自宅敷地であった
ことに対し，本件B土地については，登記上の地目のみならず固
定資産税評価における現況地目の判定においても畑とされているこ
と，相続開始日以降には，相続人により農地法上の転用届出書が提
出されて登記地目の変更が行われていることからすると，相続開始
日において農地法上の農地に該当することに加え，相続開始日にお
いて現に農作物の栽培が行われていたことから，これらを総合的に
判断すると農地と認定するのが相当であり，宅地である本件A土
地と一体として利用されている一団の土地と認めることはできない
と判断している。

(4)　小　　　括

(i)の事例は，課税地目が畑であったが，農具小屋や庭石，植木が存するなど隣接する宅地の一部となっているものと認定されている。また，(ii)の事例も課税地目が山林であったが，隣接する宅地と物理的な区分がなく一体として利用されていたと認めるのが相当であるため宅地と認定されている。

一方で，(iii)の事例においては，課税地目が畑とされており，相続開始日以降に農地法上の転用届出書が提出されて登記地目の変更が行われていること，相続開始日において現に農作物の栽培が行われていたことから総合的に判断して農地と認定するのが相当とされている。

このように宅地か農地かの判定は，農耕地の位置や形状，耕作状況，農地法の適否など個々の状況によって異なってくる。

6 登記地目と現況が異なる場合の取扱い

(1) 現況地目による評価

課税実務において地目は，登記簿上の地目や課税地目によるのではなく，課税時期の現況によって判定する。

以前建物が建っていたため登記地目は宅地であっても，現況は更地（雑種地）となっているなど，登記地目が現況と異なることはよくあることである。

例えば，次のような図表－3のケースである。

(イ) 被相続人・甲はA土地及びB土地を所有している。

(ロ) A土地は，甲の自宅の敷地として利用され，登記地目は宅地となっている。

(ハ) B土地は，かつて山林であったため登記地目は山林となっているが，現況地目は，A土地と同様に甲の自宅の敷地として利用さ

●図表－3　登記地目が現況と異なるケース

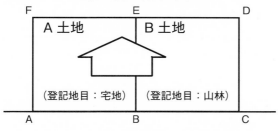

●図表－4　評価単位が2筆以上の土地からなるケース

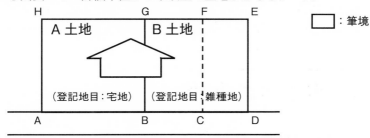

れている。

　このような場合，A土地及びB土地は，自宅の敷地であり，建物の敷地及びその維持若しくは効用を果すために必要な土地となっていることから，いずれも宅地として一体評価する（評価単位はA－B－C－D－E－F－Aであり，間口はA－B－Cである。）。

(2)　筆と評価単位の関係

　地目の判定は，課税時期の現況によって判定するが，1個の評価単位は，必ずしも1筆の土地からなるとは限らず，2筆以上の土地からなる場合もあり，また，1筆の宅地が2以上の評価単位として評価される場合もある。

　例えば次のような図表－4のようなケースである。

(イ)　被相続人・甲は，A土地及びB土地を所有している。

㈡ A土地は，公図上，A−B−G−H−Aが1筆の土地となってお
　り，登記地目は宅地となっている。

㈢ B土地は，公図上B−D−E−G−Bが1筆の土地となっており，
　登記地目は雑種地となっている。

㈣ 現況においては，A−B−C−F−G−H−Aの部分は甲の自宅
　の敷地として利用されており，C−D−E−F−Cの部分は近隣住
　民の月極駐車場として利用されている。

　このようなケースにおいて，A−B−C−F−G−H−Aの部分は
甲の自宅の敷地として利用されているため「宅地」とし，C−D−
E−F−Cの部分は月極駐車場として利用されているため「雑種
地」として別個に評価する。

7　本章のまとめ

　評価単位は，原則として地目別評価を行うこととし（評価通達
7），同じ地目の中でもさらに利用の単位等によって細分化するも
のとされている（評価通達7−2）。

　まずは地目とは何かという点である。評価通達における地目は，
不動産登記事務取扱手続準則における定義を準用するが，登記地目
や課税地目によることなく，現況地目による。登記地目や課税地目
が山林であったとしても，現況が宅地であれば宅地と認定される。

　また，宅地の一部に農耕地がある場合，その位置や形状，耕作状
況，農地法の適否などによっては宅地として認定されるケースもあ
れば，農地として認定されるケースもある。

　したがって，地目の認定には，評価担当者の慎重な現場確認と判
断が求められることになる。

第2章

地目別評価の例外　その1

1 地目別評価の例外

(1) 複数の地目が一体利用されている場合

　評価単位は，宅地，田，畑，山林，原野，牧場，池沼，鉱泉地及び雑種地の地目に分けて評価することとされている（評価通達7項本文）。

　ただし，2以上の地目が一体として利用されている一団の土地について，それぞれ地目ごとに区分して評価することになると，一体利用されていることによる効用が評価額に反映されないことになる。そのため，そのうちの主たる地目からなる1単位として評価することとされている（評価通達7ただし書き）*1。

　2つ以上の地目の土地を一体として評価する場合と別々として評価する場合とで，土地の地型や道路付け，不整形地補正や無道路地補正などの各種補正率に違いがでてくることから重要な論点である。

(2) 主たる地目が宅地のケース

① 取 扱 い

　まず，土地上の建物（宅地）と駐車場（雑種地）が一体として利用されている場合において，主たる地目が宅地となるケースである。

　例えば，ファミリーレストランやコンビニ，スーパーマーケットとその駐車場は，店舗を利用することが主たる目的であって，そのために必要な駐車場は従たる目的に過ぎないものとされる。

　次のような図表－1のケースを確認しておきたい。

(イ)　被相続人・甲は，A土地及びB土地を所有している。

(ロ)　A土地は，甲が自ら経営する個人商店（スーパーマーケット）

＊1　東京地裁平成26年1月24日判決〔税務訴訟資料264号順号12395〕参照

●図表－１　スーパーマーケットの例

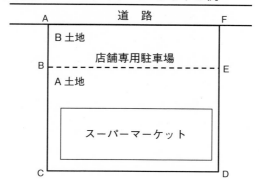

　の建物の敷地となっている。

(ハ)　B土地は，そのスーパーマーケットの専用駐車場となっている。

　このような場合，原則としては，店舗（スーパーマーケット）と駐車場（雑種地）とでは地目が異なることから，別個に評価が行われることとなる。

　ただし，それぞれ地目ごとに区分して評価すると，一体として利用されていることによる効用が評価額に反映されないことになる。

　したがって，このように２以上の地目が一体として利用されているような場合には，そのうちの主たる地目からなるものとして評価するものとされている。A土地及びB土地の主たる目的はスーパーマーケットであることから，A土地及びB土地を一団の土地（宅地）として評価する。

　なお，この場合の評価単位はA−B−C−D−E−F−A，間口はA−Fとなる。

② 争 訟 事 例

　平成30年10月16日裁決〔TAINS　F０−３−645〕は，コンビニエンスストア店舗の敷地と駐車場の評価単位が争われた事例である。

　評価対象地である本件１土地及び本件２土地（あわせて「本件各土地」という。）の概要は以下のとおりである。

㈣　平成15年，被相続人は，被相続人を賃貸人，訴外会社（本件会社）を賃借人とし，本件各土地の土地賃貸借契約を締結した。

㈁　本件１土地上には本件会社によって店舗が建設されている。

㈀　本件２土地はアスファルト敷駐車場として整備されて店舗利用者の駐車場の用に供されている。

㈁　本件各土地は，北側及び西側に面する市道を出入口として店舗の敷地及びその駐車場として利用されており，本件１土地と本件２土地の間には，フェンス等による区分はされていない。

㈁　本件各土地は市街化調整区域に所在する。

　本件各土地の評価単位について，審査請求人は，本件１土地は店舗の敷地となっていることから貸宅地として評価すべきであり，本件２土地は貸し付けられている雑種地として別個に評価すべきであると主張した。

　これに対し原処分庁は，駐車場部分は，店舗から独立して単独で駐車場としての効用を果たすものではなく，店舗の敷地に接続し，専ら店舗の営業に便益を与え，かつ，その効用を果たすために必要とされているものと認められ，本件各土地の地目は，当該駐車場部分も含めて，宅地であると主張した。

　裁決は，本件各土地は，店舗の所有をその使用目的として賃貸されており，本件１土地は，店舗の敷地の用に供され，本件２土地は，本件１土地の駐車場部分とともに，アスファルト敷駐車場に整備され，コンビニエンスストアの用地として一体的に利用されていることから，本件各土地は，店舗の敷地及びその維持若しくは効用を果たすために必要な土地であると認定している。

　そして，本件各土地は，本件１土地の地目を宅地，本件２土地の地目を雑種地と区分して評価するのではなく，その全体が利用の単位となっている１区画の宅地として評価するのが相当と判断されている。

(3) 主たる地目が雑種地のケース

① 取　扱　い

　次に，土地上の建物（宅地）と雑種地が一体として利用されている場合において，主たる地目が雑種地となるケースである。

　例えば，テニスコートやゴルフ練習場，バッティングセンター，中古車展示場は，雑種地を利用することが主たる目的であって，そのために必要な建物は従たる目的に過ぎないものとされる。

　次のような図表－2のケースを確認しておきたい。

(イ) 被相続人・甲は，A土地及びB土地を所有している。

(ロ) 甲は，その土地上で自らゴルフ練習場を経営している。

(ハ) ゴルフ練習場用地においては，クラブハウス（建物）の敷地となっている部分（A土地）と芝生部分（B土地）に分かれている。

　このような場合，原則としては，クラブハウスの敷地（宅地）と芝生部分（雑種地）とでは地目が異なることから，別個に評価が行われることとなる。

　ただし，本件においてもそれぞれ地目ごとに区分して評価すると，一体として利用されていることによる効用が評価額に反映されないことになる。

●図表－2　ゴルフ練習場の例

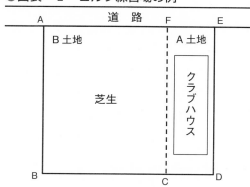

したがって，A土地及びB土地の主たる目的はゴルフ練習場であることから，宅地を含めた全体を雑種地として評価を行う*2。

なお，評価単位はA–B–C–D–E–F–A，間口はA–F–Eとなる。

② 争訟事例

平成28年12月20日裁決〔国税不服審判所ホームページ〕は，テニスコートの敷地とクラブハウス，駐車場の評価単位が争われた事例である。

評価対象地である本件A区画及び本件D区画の概要は以下のとおりである。

(イ) 被相続人は，テニスクラブ（本件テニスクラブ）を共同で経営していた。

(ロ) 本件テニスクラブには，ロッカー室等を備えたクラブハウス，駐車場，テニスコート等の施設が設置されていた。

(ハ) 被相続人は，本件テニスクラブの事業用地として，本件A区画と本件D区画を提供していた。なお，本件F区画と本件G区画は他の共同経営者の所有地である。

(ニ) 本件D区画及び本件G区画にクラブハウスが存在し，当該クラブハウスの周囲に利用者用の駐車場，当該クラブハウスの敷地に隣接する土地にテニスコート（本件A区画，本件D区画及び本件G区画）が存在した。

本件A区画及び本件D区画の評価について，審査請求人は，本件テニスクラブは，テニスクラブの敷地全体（本件A区画，本件D区画，本件F区画及び本件G区画）をもって運営されていることから，敷地全体の土地を評価単位として，広大地として評価すべきであると主張した。

これに対し原処分庁は，本件A区画及び本件D区画は，それぞれが独立して使用，収益及び処分をすることができるから，それぞ

＊2　国税庁質疑応答事例「地目の異なる土地が一体として利用されている場合の評価」参照

れ利用区分が異なるものと主張した。

　裁決は，本件テニスクラブの敷地は，その一部にクラブハウス等の建物が存在するものの本件テニスクラブの利用者が主に利用していたのは雑種地に区分されるテニスコートであって，クラブハウスはテニスコートの利用者が本件テニスクラブを使用する際に使用していた附属的な設備と認められるので，その全部が「雑種地」にあたると判断している。

　そして，評価単位については，審査請求人が一体評価すべきであると主張する他者の所有地に何ら権限を有しておらず，その利用及

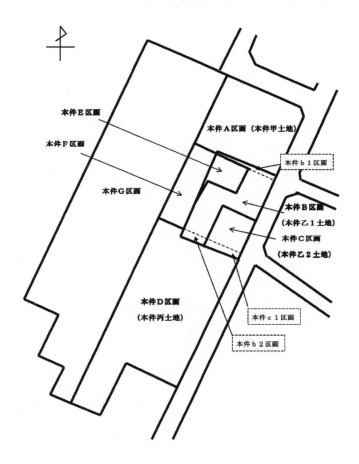

び処分について自らの判断で何も決めることはできないのであるから，何ら権限を有していない他者の所有地まで含めて1画地の土地として評価することは認められず，本件A区画及び本件D区画をそれぞれ一団の雑種地として評価している。

2 主たる地目は宅地か雑種地かが争われた事例

(1)　主たる地目は宅地か雑種地か

　さて，複数の地目が一体として利用されている場合，主たる地目は宅地か雑種地かという論点がある。

　その一体利用されている土地が路線価地域（市街地的形態を形成する地域）にある自用地である場合は，主たる地目が宅地であっても雑種地であっても評価額に大きな差はない*3。

　問題は，土地を他者に賃貸している場合である。

　土地を賃貸している場合，土地を借りている者が，建物の所有を主たる目的として土地を利用している場合には，雑種地も含めた全体を宅地（貸宅地）として評価を行う。

　この際，建物に借地借家法の適用がある場合には，税務上の借地権が存在する。宅地と雑種地をあわせて1画地とし，その1画地の評価額から借地権価額を控除することとなる（評価通達25，27）。

　一方，借地人が雑種地を主たる目的として土地を利用している場合には，宅地も含めた全体を貸し付けられている雑種地として評価を行う。借地人がその地上に建物を建築し所有している場合であっても，それが借地使用の従たる目的にすぎないときは，「建物の所

---

*3　市街地的形態を形成する地域にあっては，雑種地も宅地と同様に路線価方式により評価が行われるからである。なお，市街化調整区域においては，宅地と雑種地とでは評価方法が異なるため，算出される評価額に差が生じる。

●図表－3　主たる利用目的別の土地の評価方法

土地利用状況 ＼ 土地利用の目的	建物の利用が主たる目的である	雑種地の利用が主たる目的である
自ら土地を利用している	全体を宅地として評価する	全体を雑種地として評価する
土地を賃貸している	建物に帰属する借地権価額の控除を行う	賃借権価額の控除を行う

有を目的とする」ものに該当しないことから，借地権ではなく賃借権が存在する。宅地と雑種地をあわせて1画地とし，その1画地の評価額から賃借権価額を控除する（評価通達86）。

　なお，借地権が認められない場合は，建物の敷地部分においても借地権価額の控除をすることができないことに注意が必要である（図表－3）*4。

(2)　建物所有を主たる目的とするものとされた事例

　以下，パチンコ店用地，大規模小売店舗用地，自動車教習所用地において評価単位及び借地権の有無が争われ，建物所有を主たる目的とするものとされた事例を確認しておきたい。

(i)　パチンコ店用地とその駐車場

　平成15年3月25日裁決〔TAINS・F0－3－095〕は，パチンコ店用地の一部として賃貸している土地について，借地権が存在するか否かが争われた事例である。

　本件土地（地積408㎡）は，被相続人から訴外法人へ賃貸され，隣接地とあわせた土地（1614.13㎡）上にはパチンコ店が建っていた。本件土地は，その店舗敷地及び駐車場として一体利用がされていた。

＊4　貸宅地においては借地権割合（50％〜80％など）が控除されるのに対し，賃借権は2.5％から最大で20％の控除となることから，両者には評価額に大きな差がある。

本件土地について，原処分庁は，本件土地は駐車場として貸し付けられたものであり，建物所有を目的とする賃貸借契約が存するとは認められないことから，借地権の目的となっている土地としての評価をすることはできないと主張した。

　これに対し審査請求人は，隣接地とあわせてパチンコ店敷地として一体利用されているのであるから建物所有を目的とする賃貸借契約が成立していたというべきであり，借地権は存在すると主張した。

　裁決は，本件土地及び隣接地が三路線に面しておりこれらの路線のいずれからも出入りが可能であること，建物の敷地及び駐車場として利用されていることなどから，本件土地の賃貸借の主たる目的は，パチンコ店などの経営に必要な本件建物を所有する目的にあるといえると判断して，本件土地全体が借地権の目的となっている宅地であると認定している。

(ii)　店舗とその駐車場

　平成17年5月31日裁決〔TAINS　F0－3－298〕は，店舗の敷地部分と駐車場部分の評価単位が争われた事例である。

　本件土地（地積5,235㎡）は，いわゆる郊外型の大規模小売店舗（床面積4,408.96㎡）の敷地及びその駐車場として，被相続人から訴外賃借人に賃貸されていた。

　本件土地及び本件土地とともに賃借人が賃借しているその周囲の土地（以下，これらの土地を併せて「全賃借土地」という。）の形状及び利用状況，本件土地のうち本件店舗の敷地として利用されている部分（以下「本件敷地部分」という。）及び駐車場として利用されている部分（以下「本件駐車場部分」という。）の位置関係は図表－4のとおりである。

　全賃借土地に存する駐車場は，その全部が店舗の来客用及び取引先用として利用されており，店舗敷地と駐車場の部分には，ブロック塀やフェンス等による境界はない。

●図表－4　土地の位置関係

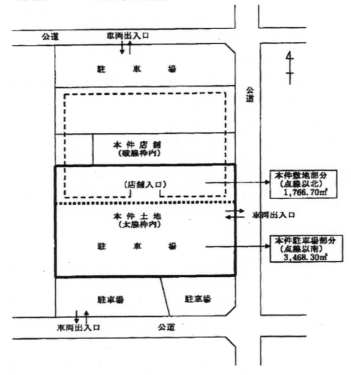

　本件土地の評価単位について，審査請求人は，駐車場部分の地目は宅地ではなく雑種地であるから，店舗の敷地部分とは区分して評価すべきであると主張した。

　これに対し原処分庁は，全賃借土地は，三方の路線からの出入りが可能な，いわゆる郊外型店舗の敷地及びその専用駐車場として，賃借人が一括で賃借し，一体として利用しているから，駐車場部分の地目は宅地であり，同部分のみを区分して評価することはできないと主張した。

　裁決は，①賃貸借契約の内容が，店舗の敷地と駐車場として使用することを賃貸借の目的としており，それらの賃貸条件に格差がないこと，②全賃借土地を通じて賃貸条件が同一であること，

③全賃借土地がいわゆる郊外型の大規模小売店舗である本件店舗の敷地とその専用駐車場として一体として利用されていることから，全賃借土地に存する駐車場部分は，本件店舗から独立し単独で駐車場としての効用を果たすものではなく，本件店舗の敷地に接続し，専ら本件店舗の営業に便益を与え，かつ，その効用を果たすために必要とされているものであるから，全賃借土地の地目は駐車場部分も含め，すべて宅地であると判断している。

(iii)　自動車学校の校舎と教習コース

福岡地裁平成３年10月15日判決〔税務訴訟資料186号887頁〕は，自動車学校用地における借地権の有無が争われた事例である。

被相続人は，訴外個人から本件土地を借り受け，自己の費用で造成・整地工事を施したうえ，その土地上の一部に自動車学校の校舎，事務所等を建築し，その余の土地を自動車運転の教習コースとして整備し，自動車学校用地として使用していた。

本件自動車学校用地は，校舎及び事務所等の建物部分（約700㎡）と教習コース部分（14,145.67㎡）により構成されている。

本件土地について，借地人である原告は，建物部分を「借地権」，教習コース部分を「地上権に準ずる賃借権以外の賃借権」と分けて評価すべきであると主張した[5]。

これに対し，被告（税務署長）は，全体を一個の利用の単位とする一個の借地権として評価することが公正にして妥当な評価方法であると主張した。

判決は，別件で自動車学校用地について借地権の有無が争われた昭和58年９月９日最高裁判決[6]が，建物敷地部分と教習コース

---

[5]　本件の原告（納税者）は，借地人の立場である。

[6]　借地人（被相続人）と賃貸人における賃貸契約の終了を理由とした土地明渡請求訴訟において，建物部分と教習コース部分は，両者が一体となってはじめて自動車学校経営の目的を達しうるのであるから，自動車学校経営のための賃貸借は建物の所有を目的とするものにあたり，本件土地全体について借地法の適用があると判示されている。

部分の一体性を認定して，借地人の権利が旧借地法の適用のある借地権である旨判示していることから，本件においても評価単位を土地全体を一個の借地権として評価した被告の評価を認容している。

(3) 建物所有を主たる目的としたものではないとされた事例

次に，バッティングセンター用地，中古車展示場用地において評価単位及び借地権の有無が争われ，建物所有を主たる目的としたものではないとされた事例を確認しておきたい。

(i) バッティングセンター用地

平成12年6月27日裁決〔裁決事例集59巻332頁〕は，バッティングセンター用地の一部として賃貸している土地について，借地権が存在するか否かが争われた事例である。

被相続人は，本件土地を訴外賃借人に建物所有の目的で賃貸し，賃借人は本件土地上においてバッティングセンターを経営していた。

本件土地（地積1,089.64㎡）のうち172.50㎡は，賃借人が建築所有するバッティングセンターの待合フロアー（66㎡），スポーツ用品の販売店舗（71.50㎡）及び倉庫（35㎡）（以下，これらを併せて「本件建築物」といい，合計床面積は172.50㎡である。）の敷地部分として利用されている。

審査請求人は，その敷地部分については借地権が認められるべきであるから，借地権価額を控除して評価すべきであると主張した。

これに対し原処分庁は，建物以外の工作物の所有を目的とする賃借権は借地権に該当しないことから，地上権に準ずる賃借権（評価通達87）として評価すべきであると主張した[7]。

裁決は，バッティングセンターの待合フロアー等の建築物が借

地上にあったとしても，土地の賃貸借の主たる目的は，バッティングセンター（雑種地）として使用することにあり，賃借人が建築物を建築所有していたとしても従たる目的にすぎないものであるから，本件土地の賃貸借は，借地借家法に規定する建物の所有を目的とする借地権に該当しないと判断している。

(ii)　中古車展示場用地

東京地裁平成8年1月26日判決〔税務訴訟資料215号93頁〕は，中古車展示場用地として賃貸している土地について，借地権が存在するか否かが争われた事例である。

本件土地（地積476㎡）は，中古車販売を営む訴外法人に貸し付けられており，土地上には事務所用建物（10.5畳）が建っていた。契約期間は1年であり，権利金の授受はない。

原告（納税者）は，本件の賃借権は，建物所有を目的とするもので借地法の適用される賃貸借であり，自用地の価額から，借地権価額としてその4割を減額すべきと主張した。

これに対し被告（税務署長）は，本件の賃借権は，臨時的，一時的な土地の使用を目的としたもので，借地権や地上権的賃借権に当たらないと主張した。

判決は，本件賃貸借契約は，①自動車駐車場（中古車展示場）として使用することを目的とするものであり，建物の所有を主たる目的とするものとはいえないこと，②契約期間も1年で，更新を重ねて継続していても，一時使用を目的とするものであることから財産評価基本通達にいう借地権に該当しないと判示している*8。

＊7　前掲＊4
＊8　同じく，中古車展示場用地として貸し付けられている雑種地（地積684.29㎡）について，借地上にある中古車センターの事務所等（敷地面積75.46㎡）は，あくまでも本件土地の一部を占めるにすぎず，大部分は自動車展示場及び進入路として利用されていること，建物の表示登記及び保存登記を禁じていることなどから，本件賃貸借は，建物の所有を主たる目的とするものとは認められないとされた事例として平成17年5月17日裁決〔裁決事例集69巻264頁〕がある。

3 借地権の及ぶ範囲

(1) 借地権の及ぶ範囲

　賃貸されている土地上の店舗及び駐車場が一体として利用されている場合，原則として，借地権の及ぶ範囲は建物の敷地に限られるものではなく土地全体に及ぶものとされている。

　例えば，借地人が店舗と駐車場として利用している土地の評価単位について，前出の平成30年10月16日裁決〔TAINS　Ｆ０－３－645〕がある。そこでは，本件賃貸借契約が店舗の所有を目的としており，借地権を設定するものであるところ，賃貸借契約書において，借地権の及ぶ範囲についての定めはなく，店舗の敷地部分と駐車場部分を区別して取り扱うような定めは設けられていない。そのため，本件賃貸借契約により設定された借地権が店舗の敷地部分のみに及ぶと解することは相当ではなく，駐車場を含めた全体に及ぶものと解されている。

　ただし，それは借地契約の内容，例えば，権利金や地代の算定根拠，土地利用の制限等に基づいて判定することとされている*9ため，必ずしも土地全体に借地権が及ぶとは限らないことに留意が必要である。

　また，複数の地目の土地が同一の者に貸し付けられて一体利用されている場合において，各土地に設定されている権利の種類・内容が異なるときには，一団の土地として評価した価額を各土地に按分し，その各土地の価額からそれぞれ設定された権利の価額を控除する。

---

*9　国税庁質疑応答事例「借地権の及ぶ範囲」

(2) 複数の地目の土地に異なる権利が付されている場合

① 取 扱 い

例えば，貸し付けられた土地上に建物と立体駐車場があり，これらは一体として利用されているが，建物敷地には借地権，立体駐車場敷地には賃借権といったような異なる権利が設定されているケースがある。

このような場合においては，宅地と雑種地を一体の土地として評価したうえで，算出された価額をあん分し，宅地については借地権の価額を，雑種地については賃借権の価額をそれぞれ控除して評価する。

例えば，次のような図表－5のケースである*10。

(イ) 被相続人・甲は，A土地（宅地）とB土地（雑種地）を乙に貸している。

●図表－5 宅地から借地権価額を，雑種地から賃借権価額を控除して評価するケース

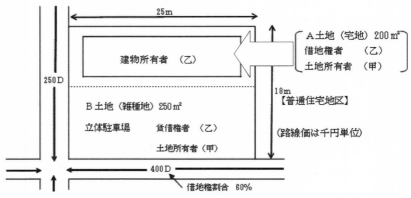

※B土地には，乙が構築物を設置して駐車場として利用している。
また，賃貸借契約の残存期間は5年である。

---

*10 国税庁質疑応答事例「複数の地目の土地を一体利用している貸宅地等の評価」参照

㈿　A土地は，乙が建物所有目的で賃借し，建物の敷地として利用
している。

㈾　B土地は，乙が賃借権を設定して賃借し，立体駐車場の敷地と
して利用している。

この場合，A土地（借地権）及びB土地（賃借権）に設定され
た権利は異なるが，権利者が同一であり一体として利用している
ことから，その貸宅地等についても「1画地の宅地」として一体で評
価する。

A土地及びB土地を一団の土地として評価したうえで，その価
額を各々の地積の割合に応じてあん分し，A土地については借地権
の価額を，B土地については賃借権の価額を控除して評価する。

図の場合において，B土地の賃借権の割合を5％とすると，具体
的にはそれぞれ次の算式のとおりとなる。

(1)　A土地とB土地とを一体として評価した価額

正面路線価　奥行価格補正率　側方路線価　奥行価格補正率　側方路線影響加算率

$(400,000円 \times 1.00 + 250,000円 \times 0.97 \times 0.03) \times 450\text{m}^2 = 183,273,750円$

(2)　A土地の評価額（貸宅地の評価額）

A，B一体の価額　　借地権割合

$183,273,750 \times \dfrac{200\text{m}^2}{250\text{m}^2 + 200\text{m}^2} \times (1 - 0.6) = 32,582,000円$

(3)　B土地の評価額（貸し付けられている雑種地の評価額）

A，B一体の価額　　賃借権割合

$183,273,750 \times \dfrac{200\text{m}^2}{250\text{m}^2 + 200\text{m}^2} \times (1 - 0.05) = 96,727,812円$

②　争　訟　事　例

平成24年12月13日裁決〔国税不服審判所ホームページ〕は，テニ
スコート敷地，クラブハウスの敷地及び駐車場として利用されてい
る貸地において，宅地と雑種地とで別々の賃貸借契約が締結されて
いる場合の評価単位が争われた事例である。

本件土地の概要は以下のとおりである。

㈤　被相続人は，訴外法人との間で，本件D土地を建物所有目的

として賃貸期間30年で賃貸する内容の賃貸借契約を締結していた。

㈹　本件Ｄ土地上には，訴外法人が新築した鉄筋コンクリート造スレート葺2階建ての事務所（以下「本件Ｄ建物」という。）が建っており，その建物は，その法人が運営するテニスクラブの施設（クラブハウス）としての利用に供されていた。

㈥　被相続人は，その法人との間で，本件EFH土地を，使用目的をテニスコートとして賃貸する内容の賃貸借契約を締結した。

㈡　本件EFH土地は，3筆の雑種地でありテニスクラブの会員のためのテニスコート6面分の敷地として利用されていた。

本件Ｄ土地及び本件EFH土地の評価単位について，原処分庁は，本件Ｄ土地は，宅地で借地権が設定されているのに対し，本件EFH土地は，雑種地であり，借地権ではなく賃借権が存していることから，同一人に貸し付けられているものの，地目のほか，賃貸借契約の内容及び期間も異なるから，本件Ｄ土地は，本件EFH土地と区分し，単独で評価すべきと主張した。

これに対し審査請求人は，本件Ｄ土地及び本件EFH土地は，全て訴外法人に貸し付けられ，同社が運営するテニスクラブのテニスコートの敷地及び附属施設であるクラブハウス（テニスコートの利用者のためだけの施設）の敷地として一体利用されているのであるから，地目が異なるとしても，全体を一団の土地として評価すべきと主張した。

裁決は，本件Ｄ土地は宅地であり，本件EFH土地はいずれも宅地と状況が類似する雑種地に該当するものと認められるところ，これらの土地については，宅地と雑種地とに分けて別々に賃貸借契約が締結されているが，いずれもテニスクラブの会員のためのクラブハウス及びテニスコートを使用目的として，一括して賃貸の用に供されていたものであり，当該法人は，本件DEFH土地を，テニスクラブ用地（テニスクラブ会員を対象とするクラブハウス，テニスコート及び駐車場の各敷地）として現に一体として利用していたこ

とからすると，本件DEFH土地は一体として利用されている一団の土地に該当するものと認定している。

したがって，本件DEFH土地については，全体を一つの評価単位として一体として評価した上，算出した評価額を各土地に按分し，本件D土地については借地権価額を，本件EFH土地については賃借権価額をそれぞれ控除して評価するのが相当と判断している。

4　本章のまとめ

評価単位は，地目別に評価するのが原則であるが，2以上の地目が一体として利用されている一団の土地については，そのうち主たる地目からなる1つの単位として評価することとされている。

何が主たる地目かという点については，例えば，スーパーやファミリーレストラン，コンビニやパチンコ店といったような，土地の主たる所有（賃貸）目的が建物であり，駐車場はあくまでも従たる目的に過ぎない場合には，雑種地も含めた全体を宅地として評価する。その土地が貸宅地である場合には借地権価額を控除する。

一方，バッティングセンターやゴルフ練習場，中古車展示場，テニスコートなど，土地の主たる所有（賃貸）目的が雑種地にあり，事務所やクラブハウスといった建物は従たる目的に過ぎない場合には，宅地を含めた全体を雑種地として評価する。

その場合には借地権価額を控除することはできないため賃借権価額の控除を行う。

税務上，借地権と賃借権とでは評価額に大きな差がある。評価実務にあたっては，借地権を控除すべきにもかかわらず賃借権を控除してしまったり，賃借権が控除できるにもかかわらず自用地として評価してしまったりすることのないように留意したい。

第3章

地目別評価の例外　その2

1 地目別評価の例外

(1) 通達の定め

評価単位は，原則として，宅地，田，畑，山林，原野，牧場，池沼，鉱泉地及び雑種地の地目に分けて評価することとされている（評価通達7本文）。

ただし，2以上の地目が一体利用されている一団の土地については，そのうち主たる地目からなる1つの土地として評価することは前章で述べた通りである（評価通達7ただし書き。以下「ただし書き」という。）。

さらに，市街地的形態を形成する地域（主として市街化区域）において，市街地農地，市街地山林，市街地原野又は宅地と状況が類似する雑種地（以下，あわせて「市街地農地等」という。）のいずれか2以上の地目が隣接しており，その形状，地積の大小，位置等からみてこれらを一団として評価することが合理的と認められる場合には，その一団の土地ごとに評価するものとされている（評価通達7なお書き。以下「なお書き」という。）。

それは，市街地農地等については，その現況が宅地でなくても，近隣の宅地の価額の影響を強く受けることから，原則として，これらの土地が宅地であるとした場合の価額から宅地造成費を控除して評価額を算出する方式（いわゆる宅地比準方式）により評価されるからである。つまり，これらの土地を宅地転用したものと想定した場合に一団の土地として評価することが合理的と認められる場合に，その評価方法の同一性に着目して，1つの評価単位とするということである*1。

---

*1　平成29年6月1日裁決〔TAINS F 0 − 3 −552〕参照

●図表－1　地目別評価の原則的なケース

(2)　原則的な取扱い

　まずは地目別評価の原則的な取扱いを確認しておきたい。

　図表－1のようなケースである。

(イ)　被相続人・甲は，農地（A土地）と山林（B土地）を所有している。

(ロ)　市街化区域に所在し，どちらも道路に面している。

(ハ)　いずれも周辺における標準的な宅地と同規模である。

　このような場合には，農地と山林とでは地目が異なるため別個の評価単位となる。

　なお，「ただし書き」においては，2以上の地目が一体利用されている場合については，そのうちの主たる地目からなるものとして，その一団の土地ごとに評価するものとされているが，A土地及びB土地は，それぞれが一体として利用されているものではないため，ただし書きの要件には該当しないこととなる。

　また，「なお書き」によると，2以上の地目が隣接しており，その形状，地積の大小，位置等からみてこれらを一団として評価することが合理的と認められる場合には，その一団の土地ごとに評価することとされているが，A土地及びB土地は，いずれも周辺における標準的な宅地と同等の規模で道路に面しており，一団として評価することが合理的と認められる場合に該当しないこととなる。

　したがって，ここでは，原則どおりそれぞれの地目ごとに別評価されることとなる。農地の評価単位はA-B-E-F-A，間口はA-Bと

なり，山林の評価単位は B–C–D–E–B，間口は B–C となる。

2 「なお書き」にあたるケース

(1) 形状によるケース

　2以上の地目が隣接しており，その「形状」からみてこれらを一団として評価することが合理的と認められる場合である。

　次のような図表－2のケースを確認しておきたい。

(イ)　被相続人・甲は，農地（150㎡）と山林（30㎡）を所有している。

(ロ)　市街化区域に所在し，周辺における標準的な宅地は100㎡前後である。

　本ケースにおいては，山林のみで評価すると，形状が間口狭小，奥行長大な土地となり，また，山林部分のみを宅地として利用する場合には，周辺の標準的な宅地と比較した場合に宅地の効用を十分に果たし得ない土地となる。

　このような場合においては，2つの地目を一体として評価するこ

●図表－2　「形状」からみて一体評価が合理的と
　　　　　認められる場合

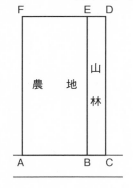

とが合理的と認められることとなり、評価単位はA–B–C–D–E–F–A、間口はA–B–Cとなる*2。

(2) 地積によるケース

次に、2以上の地目が隣接しており、その「地積」からみてこれらを一団として評価することが合理的と認められる場合である。

次のような図表－3のケースを確認しておきたい。

(イ) 被相続人・甲は、雑種地（30㎡）と農地（40㎡）、山林（30㎡）を所有している。

(ロ) 市街化区域に所在し、周辺における標準的な宅地は100㎡前後である。

本ケースにおいては、それぞれの地積が30㎡～40㎡と小さいことから、単独では宅地の効用を果たすことができない土地となる。

このような場合においては、複数の地目を一体として評価することが合理的と認められることとなり、評価単位はA–B–C–D–A、間口はA–Bとなる*3*4。

(3) 位置によるケース

第三に、2以上の地目が隣接しており、その「位置」からみてこ

●図表－3 「地積」からみて一体評価が合理的と認められる場合

---

*2 国税庁質疑応答事例「土地の評価単位－地目の異なる土地を一団として評価する場合」参照

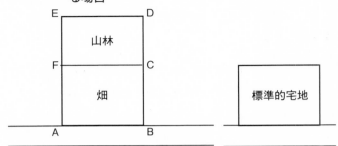

●図表－4 「位置」からみて一体評価が合理的と認められ
　　　　　る場合

れらを一団として評価することが合理的と認められる場合である。

　次のような図表－4のケースを確認しておきたい。

㈩　被相続人・甲は，畑（100㎡）と山林（70㎡）を所有している。

㈻　市街化区域に所在し，周辺における標準的な宅地は100㎡前後
　　である。

㈬　畑は道路に接しているが，山林は道路に接していない。

　本ケースにおいては，山林部分が道路に面していないことから，
単独では宅地としての効用を果たすことができない土地となる。

　このような場合においては，2つの地目を一体として評価するこ
とが合理的と認められることとなり，評価単位はA–B–C–D–E–F–A,

＊3　前掲＊2
＊4　地積について，どの程度小さければ一体として評価することが合理的となるの
　　かという点については，例えば，評価対象地が所在する自治体の定める最低敷地面
　　積や近隣の公示価格における標準地の地積が参考とされている。
　　　地方公共団体は，良好な住環境の保持のため，条例で，開発行為をしようとする
　　土地に予定される建築物の敷地面積の最低限度を定めることができる（都市計画法
　　33④）。
　　　評価単位の判断のポイントが，宅地としての効用を果たすことができるか否かに
　　あるため，最低敷地面積を下回る地積であると建物の建築ができないことから，宅
　　地としての効用を果たすことができないということである。
　　　また，地価公示においては，土地鑑定委員が土地の利用状況，環境等が地域の通
　　常と認められる地点を標準地として選定し，その標準地の地積が地域の標準的な面
　　積の指標となる。
　　　建築物の最低敷地面積や公示地の地積と比較された事例として，平成28年8月23
　　日裁決及び平成29年6月1日裁決（いずれも後出）がある。

間口は A–B となる*5。

(4)　複数の要素が混在しているケース

　最後に，形状，地積の大小，位置等からみてこれらを一団として評価することが合理的と認められる場合を確認しておきたい（図表－5）。

㋑　被相続人・甲は，宅地（100㎡），農地（55㎡），山林（30㎡），雑種地（15㎡）といった複数の地目の土地を所有している。

㋺　いずれも市街化区域に所在し，周辺における標準的な宅地は100㎡前後である。

　本ケースにおいては，標準的な宅地規模を考えた場合には甲土地は地積が小さく，形状を考えた場合には，乙土地は単独で評価するのではなく甲土地と合わせて評価するのが合理的と考えられる。

　また，位置を考えた場合には，丙土地は道路に面していない土地となり，単独で評価するのは妥当でないと認められることから，甲，乙及び丙土地全体を一団の土地として評価することが合理的と考えられる。

　したがって，市街地農地等の評価単位は B–C–D–E–B，間口は B–C となり，宅地の評価単位は A–B–E–F–A，間口は A–B となる。

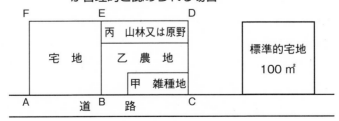

●図表－5　形状，地積の大小，位置等からみて一体評価が合理的と認められる場合

---

*5　前掲*2

●図表－6　市街地農地等で全体を一団の土地として
評価することが合理的と考えられる場合

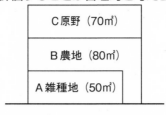

　また，図表－6のような市街地農地等についても，宅地転用を想
定して評価する場合には，A雑種地，B農地及びC原野は，形状，
地積，位置等からみて全体を一団の土地として評価することが合理
的と考えられる*6。

3　争訟事例

⑴　一体として評価された事例

　畑と雑種地について，「なお書き」の適用により一体評価がなさ
れた事例として，平成19年11月5日裁決〔裁決事例集74巻357頁〕
がある。

　本件の評価対象地であるJ土地は，市街化区域内，かつ，倍率地
域内に所在する。

　J土地は，図表－7のとおり，J1～J4土地に区分され，J1土地
（地積135㎡）は畑，J2土地（同232㎡）は駐車場，J3土地（同185
㎡）及びJ4土地（同177㎡）は，第三者への貸地としてそれぞれ
利用されている。

　J1土地とJ2土地の評価単位について，原処分庁は，J1土地は

＊6　大阪国税局「資産税課税関係　誤りやすい事例（平成29年分）」

●図表－7　J土地参考図

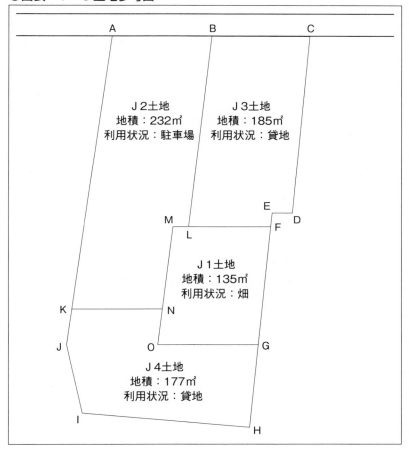

畑として利用され，J2土地は駐車場として利用されていることか
ら，評価通達7のなお書きを適用し，J1土地とJ2土地を一団と
して評価するのが合理的であると主張した。

　これに対し，審査請求人は，J2土地は駐車場として貸し付けて
いるのに対し，J1土地は，自用の耕作地として利用するため分割
しているものであり，J1土地とJ2土地を一団の土地として評価
している原処分庁の評価方法は，誤りであると主張した。

裁決は，J1土地は畑として利用されているものの，道路に面していない土地であることから，宅地としての利用を前提にすると単独で利用するのは合理的ではないものと認められ，このような場合には，宅地としての有効利用を基準とし，隣接する宅地と状況が類似する雑種地であるJ2土地とともに一体利用することを前提として評価するのが相当であると判断している。

(2)　別評価とされた事例

　次の(i)から(iv)は，納税者が，地目の異なる複数の土地を1つの評価単位として広大地の評価*7を行ったところ，課税庁が，それらの土地は地目の別に評価するのが相当であり，いずれも広大地に該当しないとした事案である。

(i)　平成24年1月27日裁決〔TAINS F 0 − 3 −338〕

　　本件は，隣接する生産緑地（A土地），市街地農地（B土地），雑種地（C土地。以下，あわせて「本件各土地」という。位置関係は，図表−8のとおり。）について，別々の評価単位とするのが相当とされた事案である。

　　本件各土地の概要は以下の通りである。

(イ)　本件A土地は，畑として利用されており，生産緑地に指定されている。地積は1,071.64㎡であり，その北側において建築基準法に規定する道路（以下「2項道路」という。）に面している。

(ロ)　本件B土地は，畑として利用されている。地積は714㎡であり，その北側において2項道路に面している。

(ハ)　本件C土地は，月極駐車場として利用されている。地積が

---

*7　旧評価通達24−4。三大都市圏特定市では500㎡，それ以外の地域では1,000㎡以上の地積があると広大地に該当する可能性があった。広大地に該当すると，45%〜65%の減価がなされることから評価差が大きく，納税者は，なお書きの適用により2以上の地目の土地を一体評価を行う傾向にあった。

●図表－8　本件各土地の概略図

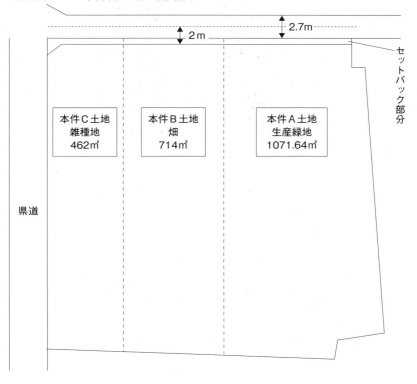

462㎡で，その北側は２項道路に面し，西側は県道に面している。

　本件各土地の評価単位について，審査請求人は，本件各土地は，宅地並みに評価する市街地農地及び宅地と状況が類似する雑種地であり，その形状，地積の大小，位置等からみて一団の土地として評価することが合理的であると主張した。

　これに対し原処分庁は，評価通達７のなお書きにおいて，生産緑地は一団の土地ごとに評価する土地から除かれているため，本件Ａ土地及び本件Ｂ土地を一体として評価することは認められず，本件Ｂ土地及び本件Ｃ土地においてもそれぞれ独立して宅地として

の利用が可能な規模，形状，位置関係等にあり，これらの各土地が必ずしも一団の土地として価格形成がなされるものとは認められないから，原則どおり，評価単位は地目別とすべきであると主張した。

裁決は，以下の理由により，本件各土地はそれぞれを別々の評価単位とするのが相当であり，本件各土地を一団の土地として広大地の評価をすることはできないと判断している。

(イ)　本件Ａ土地は生産緑地であるから，評価通達７なお書きの適用はなく，これを本件Ｂ土地及び本件Ｃ土地と一体評価することはできない。

(ロ)　本件Ｂ土地及び本件Ｃ土地は，その形状，地積の大小，位置関係等について検討するに，いずれも長方形の土地で，それぞれ単独で宅地開発可能な広さを有していること，いずれも北側において幅員2.7mの２項道路に接しており，セットバックが必要となるものの，本件Ｂ土地については，開発道路を設けることにより宅地開発することが可能であり，本件Ｃ土地については，開発道路を設けることなく複数の宅地に区画割が可能であることからすれば，一体として評価することが合理的であるとは認められない。

(ii)　東京地裁平成26年１月24日判決〔税務訴訟資料264号順号12395〕

　　本件は，図表－９における本件１土地から本件７土地までの各土地（以下「本件各土地」という。）について，別々の評価単位とするのが相当とされた事案である。

　　本件各土地の概要は以下の通りである。

(イ)　本件３土地，本件５土地及び本件６土地は北側で県道に，本件２土地及び本件４土地は南側で市道に，本件４土地，本件５土地，本件６土地及び本件７土地は東側で市道にそれぞれ接している。

(ロ)　本件各土地は，都市計画法に規定する市街化区域内にあり，

●図表－9　本件各土地の図面

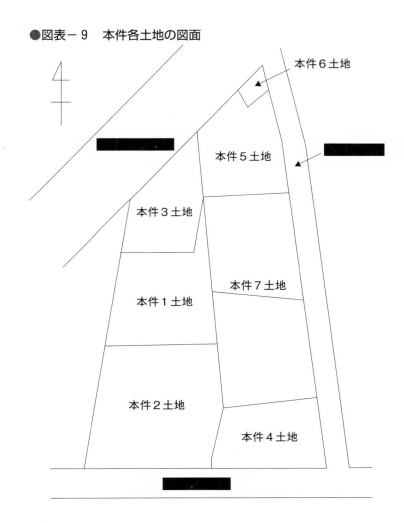

本件6土地

本件5土地

本件3土地

本件7土地

本件1土地

本件2土地

本件4土地

　第一種住居地域に指定された地域内に所在している。その容積率は200％，建ぺい率は60％と定められている。

(ハ)　本件1土地（689.94㎡）の現況は山林であった。

(ニ)　本件2土地（961.71㎡）の現況は宅地であり，被相続人，その妻及び子（原告）の自宅の敷地であった。

(ホ)　本件3土地（334.98㎡）の現況は宅地であり，被相続人が所

有して第三者に賃貸していた貸店舗の敷地であった。

㈻ 本件4土地（302.46㎡）の現況は畑であり，生産緑地であった。

㈾ 本件5土地（529.96㎡）の現況は宅地であり，被相続人が所有して上記㈻の第三者とは別の第三者に賃貸していた貸事務所の敷地であった。

㈿ 本件6土地（42.00㎡）の現況は雑種地であり，上記㈻及び㈾の各第三者とは別の第三者の賃借権の目的となっている駐車場として使用されていた。

本件各土地の評価単位について，原告は，本件1土地から本件6土地までの各土地の地目は別であっても，いずれも普通住宅地区内に所在し，地積，形状，接面街路との位置関係等からみて，標準的な宅地の地積に比して著しく地積が広大で公共公益的施設用地の負担が必要と認められる一団の土地といえるから，広大地として評価されるべきであると主張した。

これに対し，課税庁は，現況地目が宅地である本件2土地，本件3土地及び本件5土地の各土地，現況地目が山林である本件1土地，現況地目が畑である本件4土地並びに現況地目が雑種地である本件6土地をそれぞれ別個に評価して算定すべきであると主張した。

判決は，以下の理由により，本件1土地及び本件6土地について，その間に位置する宅地である本件3土地及び本件5土地をも含めて一団の土地とみて，これに評価通達7のなお書きを用いるようなことは相当ではないと判示している。

㈠ 本件2土地は被相続人らの自宅の敷地として，本件3土地は貸店舗の敷地として，本件5土地は貸事務所の敷地として，本件6土地は駐車場としてそれぞれ利用されていたことからすれば，これらが一体として利用されていたとは認められないから，評価通達7のただし書きにいう一団の土地に当たるものとして1つの評価単位とみることはできない。

㈹　本件１土地については評価通達７のなお書きにいう市街地山林
に，本件６土地については宅地と状況が類似する雑種地にそれぞ
れ該当し得るが，本件１土地と本件６土地とは隣接していないか
ら，これらについて評価通達７にいう一団の土地に当たるものと
して１つの評価単位とみることはできない。

㈻　評価通達７のなお書きは，市街地農地（生産緑地を除く。），市
街地山林，市街地原野又は宅地と状況が類似する雑種地の評価方
法（宅地比準方式）の同一性に着目した定めであるから，これら
とは評価方法の異なる宅地が隣接している場合をも含めて一団の
土地として評価することは，評価通達７のなお書きの予定しない
ところというほかない。

(iii)　平成28年８月23日裁決〔TAINS Ｆ０－３－491〕

　　本件は，隣接する畑（本件１土地）と駐車場（本件２土地。以
下，あわせて「本件各土地」という。）について，別々の評価単
位とするのが相当とされた事案である。

　　本件各土地の概要は以下の通りである（図表－10）。

㈣　本件１土地の利用状況及び現況地目は畑であり，北側及び西
側で市道に接面し，北側の市道から見た奥行距離は約29.75m,
西側の市道から見た奥行距離は約19.00m，地積が563㎡のほぼ
長方形の土地である。

㈹　本件２土地は月極駐車場（雑種地）として利用されており，
北側が市道に約16.25m接面し，当該市道から見た奥行距離は
約29.75m，地積が489㎡のほぼ長方形の土地である。

　本件各土地の評価単位について，審査請求人は，本件各土地を個
別に開発する場合には，①本件１土地は，近隣ではほとんど行われ
ていない路地状開発を余議なくされること，②本件２土地は，間口
に比べて奥行が長く単独での開発が困難であり，合理的な戸建住宅
開発が不可能であること，③本件各土地は，第一種低層住居専用地
域内にあり，３階建以上の家屋を建築できないため，ゆとりある面

●図表－10　本件各土地の概略図

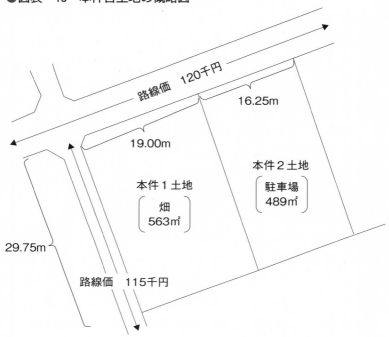

積及び形状で分譲する要請が高く，一団の土地として開発すること
が不可欠であって，実際に売買する場合にも個別に売却することは
あり得ないことから一団の土地として評価すべきであると主張した。

　これに対し原処分庁は，本件各土地は，①現況地目は相続開始時
において畑と雑種地であること，②それぞれの地積は近隣に所在す
る標準的な宅地の地積以上であること，③共に北側で道路に面して
いることからすれば，本件各土地を合わせて一団の土地として評価
することが合理的とは認められないと主張した。

　裁決は，本件１土地及び本件２土地のいずれの土地についても，
予定建築物等の敷地面積の最低限度である100㎡及び本件各土地の
近隣に存する公示地の地積を大きく上回っており，それぞれの形状
や接道状況等を踏まえると，周辺の標準的な宅地と比較した場合に，

本件１土地及び本件２土地は，個々にみても宅地の効用を十分に果たすと認めることができるというべきであり，このような場合には，原則どおり，地目の別に評価することが評価通達７の文言及び趣旨にかなうものというべきであるから，本件各土地は，一団として評価することが合理的と認められる場合には該当しないと判断している。

(iv) 平成29年６月１日裁決〔TAINS F0－3－552〕

本件は，隣接する畑（本件１土地）と駐車場（本件２土地。以下，あわせて「本件各土地」という。）について，別々の評価単位とするのが相当とされた事案である。

本件各土地の概要は以下の通りである（図表－11）。

㋑ 本件１土地は，南側で道路に約20.66m接面し，奥行約17m，地積352.73㎡のおおむね正方形の土地である。

㋺ 本件２土地は，南側で道路に4.2m接面し，奥行約41m，地積590.58㎡の旗竿状の土地である。本件２土地の路地状部分の幅員は4.2m，奥行約18m，地積約88㎡であり，南側の道路から見て路地状部分の先に地積約501㎡のおおむね長方形の部分を有している。

審査請求人は，本件２土地は周辺地域における標準的な宅地の地積に比して著しく地積が広大であり，２区画以上の宅地利用が想定されるべきであるが，単独で２区画以上の宅地として利用することができない土地であることなどから，地目の別に評価すべきではないと主張した。

これに対し，原処分庁は，本件各土地は，それぞれ宅地としての効用を果たすものと認められ，別個に価額形成がなされるものといえることから，本件各土地を一団の土地として評価することの合理性はないと主張した。

裁決は，本件各土地は，いずれの土地も，接道義務を満たし，予定される建築物の敷地面積の最低限度を大きく上回っており，また，

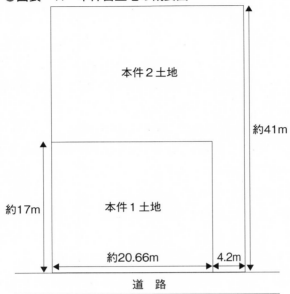

●図表-11　本件各土地の概要図

本件2土地

約41m

本件1土地

約17m

約20.66m　　4.2m

道　路

　本件2土地は旗竿状の形状をした土地であるものの，一定の建築物が建築可能であることから，それぞれを1つの評価単位としても，いずれも宅地としての効用を果たさない形状，地積の大小，位置等とはならず，本件各土地は，評価通達7のなお書きに定める一団の土地として評価することが合理的であると認められる場合には該当しないと判断している。

4　宅地が隣接している場合の取扱い

　さて，「なお書き」によると，市街地農地，市街地山林，市街地原野又は宅地と状況が類似する雑種地について，その形状，地積の大小，位置等からみてこれらを一団として評価することが合理的と認められる場合には一体として評価することとされている。

●図表－12　宅地とは別個の単位として評価を行う場合

●図表－13　それぞれ別々の評価単位として評価を行う場合

　ただし，ここでは宅地が含まれていないことに留意が必要である。

　宅地が異なる取扱いとなっている理由は，なお書きの適用が，市街地農地，市街地山林，市街地原野又は宅地と状況が類似する雑種地の評価方法の同一性に着目した定めであるため，これらとは評価方法の異なる宅地が隣接している場合をも含めて一団の土地として評価することは予定していないものと解されている[8]。

　したがって，例えば，図表－12のようなケースにおいては，畑は道路に接面していないが，宅地とは別個の単位として評価を行うこととなる。

　また，図表－13のようなケースにおいても，山林と雑種地は隣接しておらず，また宅地は一体として評価を行わないことから，それぞれを別々の評価単位として評価を行うこととなる[9]。

＊8　東京地裁平成26年1月24日判決〔税務訴訟資料264号順号12395〕

5 本章のまとめ

　実務上，隣接する市街地農地，市街地山林，市街地原野又は宅地と状況が類似する雑種地を一体とすべきか別々の評価単位とすべきか判断に迷うケースが多くある。

　一体とすべきケースは，例えば，道路に面していない土地ができてしまったり，予定建築物の敷地面積の最低限度を下回るなど，宅地としての利用を前提にすると単独で評価するのは合理的ではないと認められる場合である。このような場合には，宅地としての有効利用を基準とし，隣接する土地とともに一体評価することとなる。

　一方，別々の評価単位とすべきケースは，例えば，道路付けがあって単独で複数の宅地に区画割が可能な土地であったり，予定建築物の敷地面積の最低限度を上回るなど，それぞれが独立して宅地としての利用が可能な規模，形状，位置関係にあり，これらの土地が一団の土地として価格形成がなされるものとは認められない場合である。

　評価単位の判定にあたっては，このようなポイントにより，一体として評価すべきか，別々の評価単位とすべきかの判断を行うこととなる。

　なお，評価通達上は，宅地が隣接している場合においては，仮に不合理な規模，形状，位置関係にあったとしても，別個の評価単位となることに留意したい。

＊9　そのようにして求められた各土地の評価額が，法に定める「時価」として適正か否かは別途，検討の余地がある。

第4章
宅地の評価単位の基本

1 宅地の評価単位

(1) 宅地の評価単位

　第1章から第3章までにおいては，評価単位は原則として地目ごとに行うとした財産評価基本通達7項の取扱いを確認してきた。

　本章からは，同じ地目の中でもさらに細分化される，評価通達7－2の取扱いを確認していきたい。

　まずは宅地の評価単位である。

　宅地は，「1画地」の宅地を評価単位とする（評価通達7－2）。1画地の宅地とは，「利用の単位」となっている1区画の宅地をいう。

　1画地であるから，必ずしも1筆（土地課税台帳又は土地補充課税台帳に登録された1筆をいう。）の宅地からなるものとは限らず，2筆以上からなる場合もある。

　また，1筆の宅地が2画地以上の宅地として利用される場合もある。

(2) 「利用の単位」により評価を行う理由

　なぜ評価単位は「1画地（利用の単位となっている1区画）の宅地」によるのであろうか。

　それは，1画地の宅地とは，その宅地又は借地権を取得した者（権利者）が，その土地を使用収益，処分をすることができる利用単位ないし処分単位だからである。その土地を自用地として使用している限り，他から制約を受けることがないので，それを1利用単位つまり1画地として評価することとなる*1。

　その土地を他人に賃貸している場合には，賃貸借契約に基づく制

＊1　平成10年6月23日裁決〔裁決事例集55巻479頁〕

約を受けることとなるため，2以上に貸し付けられている場合には，その借主の異なるごとに1利用単位（1画地）とし，一方，その土地を他人から賃借している場合には，同一人が2以上の者から隣接する土地を賃借し，これを一体として利用している場合には，その全体を1画地とするものとされている。

　また，相続税における財産評価は，その土地の時価すなわち客観的交換価値を尺度としているところ，土地の取引は通常1利用単位ごとに行われ，その取引価格は1利用単位を基に形成されていることから，1利用単位すなわち1画地ごとに土地の時価を評価することが相当と解されている*2。

　これは，土地の現実の利用状況に即して土地の評価を行う趣旨であって，土地の時価の評価方法として妥当なものと解されている*3。

(3)　分割後の画地による理由

　なお，遺産分割や贈与等によって宅地の分割が行われた場合には，原則として，「分割後」の画地を1画地の宅地として評価する。

　これは，相続税の計算において，いわゆる法定相続分課税方式による遺産取得者課税を採用していることに加え，民法（909条）が遺産の分割は相続開始の時にさかのぼってその効力を生じる旨規定していることなどから，土地の時価の算定に当たり，遺産分割等による宅地の分割後の所有者単位で評価することが相当であると解されている*4。

　ただし，遺産分割や贈与等による宅地の分割が親族間等で行われた場合において，例えば，分割後の画地が宅地として通常の用途に供することができないなど，その分割が著しく不合理であると認められるときは，その「分割前」の画地を1画地の宅地とする。いわ

＊2　平成3年11月30日裁決〔裁決事例集42巻199頁〕
＊3　東京地裁平成8年1月26日判決〔税務訴訟資料215号93頁〕
＊4　平成21年8月26日裁決〔TAINS・F0－3－300〕

ゆる不合理分割である。

2 ケーススタディ

(1) 基本的な考え方

　宅地における「1画地」の判定は，原則として，①宅地の所有者による自由な使用収益を制約する他者の権利があるか否かにより区分し，②他者の権利がある場合には，その権利の種類や権利者の異なるごとに区分する。

　具体的には，次のように判定する*5。

(イ)　所有する宅地を自ら使用している場合には，居住の用か事業の用かにかかわらず，その全体を1画地とする（59頁(2)）。

(ロ)　所有する宅地の一部について借地権等を設定させ，他の部分を自己が使用している場合には，それぞれの部分を1画地の宅地とする（62頁(3)）。

　　　一部を貸家の敷地，他の部分を自己が使用している場合にも同様とする。

(ハ)　所有する宅地の一部について借地権等を設定させ，他の部分を貸家の敷地の用に供している場合には，それぞれの部分を1画地とする（64頁(4)）。

(ニ)　借地権等の目的となっている宅地を評価する場合において，貸付先が複数であるときには，同一人に貸し付けられている部分ごとに1画地とする（65頁(5)）。

(ホ)　貸家建付地を評価する場合において，貸家が数棟あるときには，原則として，各棟の敷地ごとに1画地とする（68頁(6)）。

(ヘ)　2以上の者から隣接している土地を借りて，これを一体として

＊5　国税庁質疑応答事例「宅地の評価単位」

利用している場合には，その借主の借地権等の評価に当たっては，その全体を1画地として評価する（68頁(7)）。

　この場合，貸主側の貸宅地の評価に当たっては，各貸主の所有する部分ごとに区分して，それぞれを1画地として評価する。

(2)　自用地と自用地

(i)　原則的な取扱い

　所有する宅地を自ら使用している場合には，居住の用か事業の用かにかかわらず，その全体を1画地とする。所有する宅地を自ら使用している場合には，他人の権利による制約がないからである。

　例えば，次の図表－1のようなケースである[6]。

(イ)　被相続人・甲は，A土地及びB土地を所有している。

(ロ)　甲は，A土地上に自ら個人商店（事業）を行うための店舗用建物を建てている。

(ハ)　甲は，B土地上に居宅用建物を建てて自ら利用している。

　このような場合には，居住の用か事業の用かにかかわらず，その全体を1画地の宅地として評価する。

●図表－1　自用地と自用地

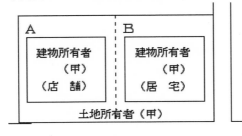

[6]　国税庁質疑応答事例「宅地の評価単位－自用地」参照

　ただし，自ら使用している場合であっても，土地の位置及び利用されている路線からみて，全体を１画地とすることが合理的でない場合には必ずしも１画地と判定されないことに注意が必要である。

　平成16年１月８日裁決〔TAINS・Ｆ０－３－132〕は，居住用建物の敷地と使用貸借地が地続きとなっている場合の土地の評価単位が争われた事例である。

　本件各土地の概要は以下のとおりである。

(イ)　評価対象地である本件各土地は，路線価地域に所在する。

(ロ)　図表－２のとおり，それぞれＡ土地及びＢ土地は使用貸借，Ｃ土地はプレハブの敷地，Ｄ土地は共同住宅の敷地，Ｅ土地は被相続人の居住用，Ｆ及びＧ土地は貸駐車場として利用されていた。

(ハ)　Ａ土地とＢ土地は地続きで，10.59mで接している。

(ニ)　Ｅ土地とＢ土地は地続きで，1.6mで接している。

(ホ)　Ｂ土地は，西側で路線価が設定されていない幅員1.2mの通路に接している。

　本件のＡ土地，Ｂ土地及びＥ土地の評価単位について，審査請求人は，いずれも自用地であることから，その全体を１画地として評価すべきと主張した。

　これに対し，処分行政庁は，Ａ土地及びＢ土地は一体として評価するものの，Ｅ土地はＢ土地と接する度合いが低いことから，Ａ土地及びＢ土地並びにＥ土地全体を１画地として評価することは相当でないと主張した。

　裁決は，Ｂ土地とＥ土地の接している距離が1.6mと度合いが低く，Ｂ土地とＥ土地の位置及び利用されている路線からみて，Ｅ土地を含めてこれらの土地全体で一団の画地を形成していると解するのは合理的ではなく，Ａ及びＢ土地については１画地の

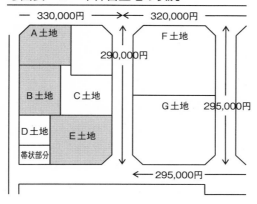

●図表－２　本件各土地の状況

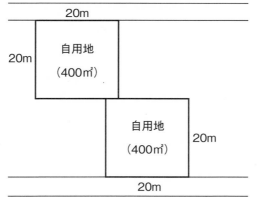

●図表－３　二つの自用地からなる土地

評価単位とし，Ｅ土地は単独で１画地の評価単位とするのが相当
と判断している。

　この事例から鑑みると，図表－３のような宅地について，自用
地と自用地であるから全体を１画地として評価すべきか否か判断
に迷うこととなる。ここでは，両土地の接している度合いが1.6
ｍであると別の評価単位となるのか，５ｍ，10ｍであれば一体
評価となるのかといった明確な基準は示されていない。

　したがって，個別のケースに応じて，宅地の位置，形状，地積，

道路付けの状況などを総合的に勘案して評価単位を判断することとなる。

(iii) フェンスや高低差の影響

　1画地の判定にあたっては，接道の状況，建物や駐車場の位置，居住者の実際の出入り口の利用状況，フェンスや塀，高低差といった外観，借地権や賃借権といった権利関係，建築基準法における建ぺい率や容積率などを総合的に斟酌してこれを行う。

　地続きの宅地の一部に著しい高低差のある部分が存する場合，例えば平成25年5月20日裁決〔TAINS・F0－3－433〕において，その高低差により分断された各部分をそれぞれ単独では利用することができないような特段の事情が認められる場合を除き，分断された各部分を別の評価単位とするのが相当であるとされている（本件では，他の土地よりも約4m高い位置にあることなどから別の評価単位とされている。）。

　一方，地続きの宅地の一部にフェンスや塀があるという事情は評価単位に大きな影響を与えない。平成15年3月25日裁決〔TAINS・F0－3－679〕においては，宅地を賃貸している場合における利用の単位は，原則として，一の賃貸借契約により賃貸の用に供されている宅地ごとに判定することが相当であり，フェンスで区分された駐車場についても，賃借人による現実の利用状況の如何にかかわらず，全体を1画地と判断するのが相当であるとされている。

　また，隣接する月極駐車場がフェンス及びブロックで区分されている場合において，本件は不特定多数の者の通行の用に供される道路や河川等で物理的に分離されているものではなく，同一の利用目的に供されているのであるから全体を1つの評価単位とするのが相当とされている（平成21年12月14日裁決〔TAINS・F0－3－388〕）。

(3)　自用地と自用地以外の宅地が隣接している場合

宅地の一部を自己が利用し，他の部分に借地権等を設定させてい
る場合には，それぞれを別の評価単位とする。

　例えば，次の図表－4のようなケースである*7。

㈤　被相続人・甲は，A土地及びB土地を所有している。

㈥　甲は，A土地上に居住用家屋を建てて自ら使用している。

㈦　甲は，B土地を建物の所有を目的として借地人乙に賃貸してい
る。

　このような場合，A土地は，所有者が自ら使用する他者の権利が
存しない土地であるが，B土地は，他人の権利（借地権）が存する
土地となる。

　したがって，A,B両土地は利用の単位が異なっているといえるか
ら，別個の評価単位となる。

　なお，A土地の評価単位は，A–F–C–B–Aとなり，間口はA–Fと

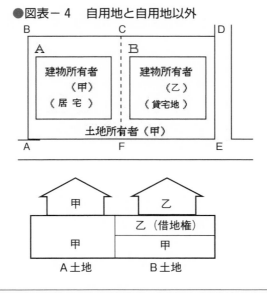

●図表－4　自用地と自用地以外

＊7　国税庁質疑応答事例「宅地の評価単位ー自用地と自用以外の宅地が連接してい
る場合」参照

なる。B土地の評価単位は，F–E–D–C–Fとなり，間口はE–F又はD–Eとなる。

　本ケースは自用地と貸宅地であるが，自用地と貸家建付地の場合も同様である。

(4)　貸宅地と貸家建付地

　宅地の一部に借地権等を設定させ，他の部分を貸家の敷地の用に供している場合には，それぞれを別の評価単位とする。

　例えば，次の図表－5のようなケースである[8]。

(イ)　被相続人・甲は，A土地及びB土地を所有している。

(ロ)　甲は，A土地を建物の所有を目的として借地人乙に賃貸し，乙はそこに自ら建物を建てて使用している。

(ハ)　甲は，B土地上に建物を建て，この建物を丙へ賃貸している。

　本ケースは，A土地は乙が建物を建てているのに対し，B土地は

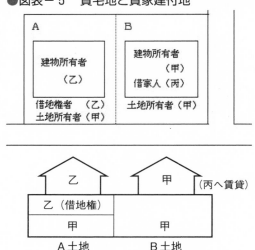

●図表－5　貸宅地と貸家建付地

---

*8　国税庁質疑応答事例「宅地の評価単位－貸宅地」参照

甲本人が建物を建てているところに違いがある。

　このような場合には，Ａ土地には借地権が，Ｂ土地には借家権という他人の権利が存し，権利を有する者（借地権者，借家権者）が異なることから，利用の単位はそれぞれ異なると認められ，別個の評価単位とする。

(5)　貸宅地と貸宅地

(i)　取　扱　い

　　借地権等の目的となっている宅地を評価する場合において，貸付先が複数であるときには，同一人に貸し付けられている部分ごとに１画地とする。

　　例えば，図表－６のようなケースである[9]。

　(イ)　被相続人・甲は，Ａ土地及びＢ土地を所有している。

　(ロ)　甲は，Ａ土地を建物の所有を目的として借地人乙に賃貸し，

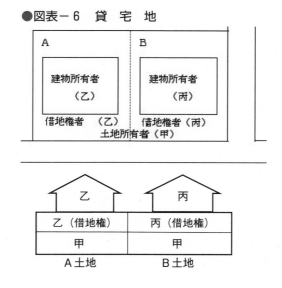

●図表－６　貸　宅　地

＊9　国税庁質疑応答事例「宅地の評価単位－貸宅地」参照

乙はそこに自ら建物を建てて使用している。

(ハ) 甲は，B土地を乙とは別の借地人丙に建物の所有を目的として賃貸し，丙はそこに自ら建物を建てて使用している。

このような場合，A土地及びB土地には，ともに他人の権利（借地権）が存し，いずれも貸宅地として利用しているが，借地権者が異なっていることから，それぞれを別個の評価単位とする。

(ii) 同一借地人が異なる用途の利用をしている場合

なお，同一の借地権者が複数の建物で別個の事業を行っている場合であっても，その土地全体が一体として貸し付けられていることから，全体を1画地として評価するものとされている。

平成10年6月23日裁決〔裁決事例集55巻479頁〕は，借地権者の所有する3棟の建物が別個の事業の用に供されている場合の貸宅地の評価単位が争われた事案である。

審査請求人が被相続人から相続により取得した本件土地の概要は以下のとおりである。

(イ) 本件土地は，被相続人によって，同族会社（以下，「J社」という。）に貸し付けられていた。

(ロ) J社は，相続開始日現在，被相続人及び訴外Hからそれぞれ土地を賃借し，ガソリンスタンド，パチンコ店及びボウリング場に係る建物の敷地として利用していた。

(ハ) 本件土地の合計面積は2,241.84㎡である。

(ニ) 本件土地の上に存する建物の平面図並びに平成6年分の路線価等の状況は，図表－7のとおりである。

本件土地の評価単位について，審査請求人は，賃借人であるJ社の所有するガソリンスタンド，パチンコ店及びボウリング場に係る建物の敷地として最有効使用されていること，それぞれの事業には法律による規制等があることから，建物の事業の用に供されている状況ごとに区分し，それぞれを別の評価単位とすべきと主張した。

●図表－7　本件土地の状況

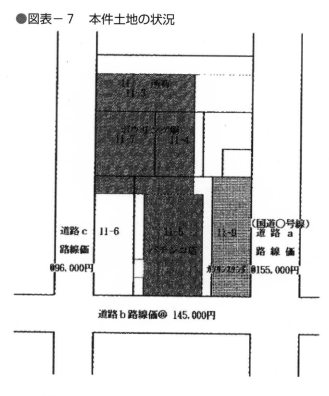

■ の部分はガソリンスタンドの位置である。

■ の部分は、パチンコ店（建物）の位置である。

■ の部分は、ボウリング場（建物）の位置である。

　これに対し原処分庁は，同一人が２以上の者から隣接している土地を借りて，これを一体として利用している場合には，利用方法の区分にかかわらず，その借主の借地権の評価に当たっては，その全体を１画地として評価し，また，貸し付けられている宅地の評価においては，同一人に貸し付けられている画地ごとに評価するのが相当と主張した。

裁決は，本件土地は，地続きであり，分割されることなく，その全部を審査請求人が相続し，その全体がＪ社の事業に係る建物の敷地として一体として貸し付けられ，現実に，Ｊ社の所有する建物の敷地として，Ｊ社の事業の用に供されていることが明らかであることから，貸し付けられている全体が１利用単位，つまり１画地の貸宅地であると判断するのが相当と判断している。

⑹　貸家建付地と貸家建付地

　　貸家建付地を評価する場合において，貸家が数棟あるときには，それぞれ各棟の敷地ごとに１画地とする。

　　例えば，次の図表－８のようなケースである。

⑷　被相続人・甲は，Ａ土地とＢ土地を所有している。

㈹　甲は，Ａ土地上に建物を建て，この建物を乙へ賃貸している。

㈥　甲は，Ｂ土地上にも建物を建て，この建物を丙へ賃貸している。

　　このような場合，Ａ土地及びＢ土地には，ともに他人の権利（借家権）が存し，いずれも貸家建付地として利用しているが，借家権者が異なっていることから，それぞれを別個の評価単位とする。

⑺　借　地　権

（ｉ）　借地権と借地権

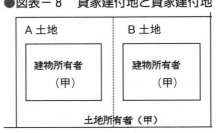

●図表－８　貸家建付地と貸家建付地

次に，被相続人が借地人であった場合の取扱いである*10。

2以上の者から隣接している土地を借りて，これを一体として利用している場合には，その借主の借地権の評価に当たっては，その全体を1画地として評価する。

例えば，図表－9のようなケースである*11。

(イ) 被相続人・甲は，A土地を土地所有者乙から，B土地を土地所有者丙より建物の所有を目的として借り受ける旨の契約を締結している。

(ロ) 甲は，その土地上に居住用家屋を建てて自ら使用している。

このように2以上の者から隣接している土地を借りて一体利用している場合の借地権の価額は，借地権の目的となっているA土地及びB土地を合わせて1画地の宅地として評価する。

●図表－9　借地権と借地権

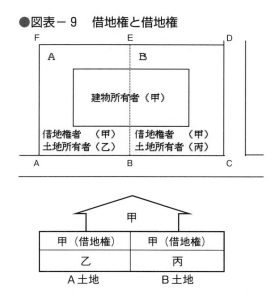

*10　賃貸人及び借地人の当事者は個人間であるとは限らず，どちらか一方が（同族）法人のケースもある。
*11　国税庁質疑応答事例「宅地の評価単位－借地権」参照

なお，土地所有者である乙及び丙の貸宅地を評価する場合には，それぞれの所有する土地ごとに1画地の宅地として評価する。

　したがって，甲の有する借地権の評価単位はA–B–C–D–E–F–Aとなる。地主乙の所有する貸宅地の評価単位はA–B–E–F–A，丙の所有する貸宅地の評価単位はB–C–D–E–Bとなる。

(ii)　自用地と借地権

　では，宅地の一部を自己が所有し，他の部分を借地して利用している場合にはどのような評価単位となるであろうか。

　例えば，図表－10のようなケースである*12。

㈠　被相続人・甲は，A土地を所有している。

㈡　甲は，隣接するB土地を丙から賃貸借契約により借り受け，A土地と一体利用している。

　このように自己が所有する土地の隣地を借り受け，一体利用し

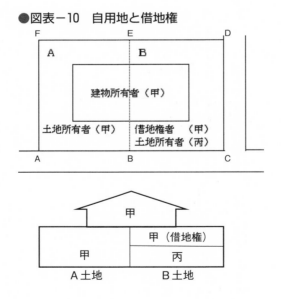

●図表－10　自用地と借地権

---

*12　国税庁質疑応答事例「宅地の評価単位－自用地と借地権」参照

ている場合には，その借地権の評価に当たっては，全体を1画地として評価する。

　そして，全体を1画地として評価したうえで，下記の算式のとおり，地積按分を行って甲の所有するA土地と借地権であるB土地を評価する。

（算式）

$$
A土地の価額 = \left[\begin{array}{l}A，B土地全体を1画地の\\宅地として評価した価額\end{array}\right]
$$

$$
\times \frac{A土地の地積}{A，B土地の地積の合計}
$$

$$
B土地の価額 = \left[\begin{array}{l}A，B土地全体を1画地の\\宅地として評価した価額\end{array}\right]
$$

$$
\times \frac{B土地の地積}{A，B土地の地積の合計} \times 借地権割合
$$

　なお，土地所有者である丙の貸宅地を評価する場合は，B土地のみを1画地の宅地として評価する。

(8)　使 用 貸 借

(i)　貸主の取扱い

　土地の貸借が対価を伴わずに行われている場合を使用貸借という（民593）。使用貸借は，貸主，借主間の人的つながりのみを基盤とするもので借主の権利は極めて弱いことから，宅地の評価にあたっては使用借権の価額を控除しない，つまり自用地として評価を行うものとされている。

　例えば，図表−11のようなケースである[13]。

(イ)　被相続人・甲は，A土地及びB土地を所有している。

(ロ)　甲は，A土地上に居住用家屋を建てて自ら使用している。

---

[13]　国税庁質疑応答事例「宅地の評価単位−使用貸借」参照

●図表−11　自用地と使用貸借1

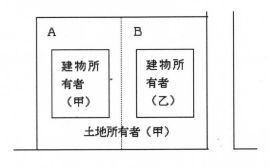

(ハ)　甲の長男乙は，B土地を甲より無償で貸り受け，居住用家屋
　　を建てて自ら使用している。
　　このように，所有する宅地の一部を自己が使用し，他の部分を
　使用貸借により貸し付けている場合には，全体を自用地として1
　画地の宅地として評価する。
(ii)　借主の取扱い
　　また，自己の所有する宅地に隣接する宅地を使用貸借により借
　り受け，自己の所有する宅地と一体利用している場合であっても，
　所有する土地のみを1画地の宅地として評価する。

●図表−12　自用地と使用貸借2

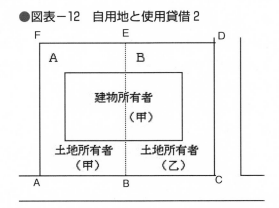

例えば図表－12のようなケースにおいて，建物所有者甲が使用貸借で借り受けた宅地を自己の所有する宅地と一体として利用している場合であっても，A土地とB土地をそれぞれ別個の評価単位とする*14。

したがって，甲の所有する土地の評価単位はA–B–E–F–A，乙の所有する土地の評価単位はB–C–D–E–Bとなる。

3　本章のまとめ

宅地の評価単位の基本的な考え方は，3点である。

第一に，その宅地を自ら使用しているか貸付けられているかにより分ける。所有する土地を自ら使用している場合は，居住の用か事業の用かにかかわらず，その全体を1画地の宅地として評価する。

第二に，所有する宅地の一部を賃貸し，他の部分を自己が使用している場合には，それぞれを別の評価単位とする。

第三に，2以上の者に賃貸している場合には，その貸付先によってそれぞれを1画地の宅地とする。

これで宅地における1画地（利用の単位となっている1区画）の判定を行うことができる。

ただし，あくまでも相続税における財産評価は，その土地の時価すなわち客観的交換価値を求めることが前提となっている。評価単位も通常行われる取引単位ごとに考える必要があり，例えば，自用地と自用地が地続きの場合はその全体が1画地となるが，ケースによっては例外もあり得る（とする前出のような判例裁決がある）ことに注意が必要である。

---

*14　前掲*13

第5章
画地補正と評価単位

評価単位の論点は，つまるところ１画地の間口や奥行き，地積，形状をどのように判定するかの問題である。

　本章では，不整形地補正や無道路地補正といった各種の画地補正が１画地の間口や奥行き，形状に与える影響を確認しておきたい。

1　無道路地

(1)　無道路地の評価

　無道路地は，道路に接していない宅地をいう。このような土地は，実際に利用している路線の路線価に基づいて，無道路地であることの補正を行って評価する（評価通達20－3）。

　そこで，無道路地は，間口をどこに設定し，どのような地型で評価を行うのであろうか。

　無道路地に建物を建築するためには，建築基準法その他の法令において，道路と最小限の間口距離で接することが求められている（いわゆる「接道義務」である。）。

　そのため，財産評価においても，無道路地に建物を建築するために最小限度の通路を買収することを想定して評価を行い，その通路開設費用を控除する評価方式を採用している（いわゆる「不足土地控除方式」である。）。

(2)　無道路地の評価単位

①　取　扱　い

　例えば，図表－１のような無道路地（400㎡）である*1。ここでは，評価対象地の所在する自治体において間口２ｍの通路を設ける必要があるとする。

＊１　国税庁質疑応答事例「無道路地の評価」参照

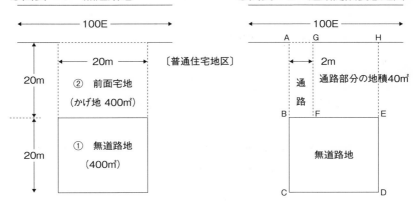

●図表－1　無道路地

●図表－2　通路開設後想定図

　そこで，評価にあたっては，図表－2のように隣地を買収して通路（A-B-F-G-A）を開設することを想定し，建築基準法に規定する接道義務に基づく間口距離を有する土地として評価する。評価単位はA-B-C-D-E-F-G-A，間口はA-Gとなる。

　その際，不整形地補正における想定整形地は，A-B-C-D-E-H-G-Aとなり，かげ地はA-B-F-E-H-G-Aとなる。

　つまり，通路をどのように想定するかにより，かげ地割合や通路開設費用に影響を与え，不整形地補正や無道路地補正の減価率が変わってくるのである。

② 計 算 例

　図表－1の無道路地は，次のとおり評価する。

1　無道路地（①）の奥行価格補正後の価額

(1)　無道路地（①）と前面宅地（②）を合わせた土地の奥行価格補正後の価額

$$
\underset{\text{路線価}}{100,000\text{円}} \times \underset{\substack{\text{奥行距離40mの場合}\\\text{の奥行価格補正率}}}{0.91} \times \underset{\substack{\text{①＋②の}\\\text{地積の合計}}}{800\text{㎡}} = 72,800,000\text{円}
$$

(2)　前面宅地（②）の奥行価格補正後の価額

$$\underset{\text{路線価}}{100{,}000\text{円}} \times \underset{\substack{\text{奥行距離20mの場合}\\\text{の奥行価格補正率}}}{1.00} \times \underset{\substack{\text{前面宅地}\\(\text{②})\text{の地積}}}{400\text{㎡}} = 40{,}000{,}000\text{円}$$

(3) （1）の価額から（2）の価額を控除して求めた無道路地（①）の奥行価格補正後の価額

$$\underset{\text{①＋②の価額}}{72{,}800{,}000\text{円}} - \underset{\text{②の価額}}{40{,}000{,}000\text{円}} = \underset{\substack{\text{①の奥行価格補正後}\\\text{の価額}}}{32{,}800{,}000\text{円}(\text{A})}$$

2　不整形地補正

不整形地補正率0.79（普通住宅地区　地積区分 A　かげ地割合50％）

$$\left[\quad\text{かげ地割合} = \frac{\overset{\text{想定整形地の地積}}{800\text{㎡}} - \overset{\text{無道路地の地積}}{400\text{㎡}}}{\underset{\text{想定整形地の地積}}{800\text{㎡}}} = 50\% \quad\right]$$

間口狭小補正率0.90（間口 A–G の距離 2 m）

奥行長大補正率0.90（間口距離 2 m・奥行距離40m）

$$\underset{\substack{\text{不整形地}\\\text{補正率}}}{0.79} \times \underset{\substack{\text{間口狭小}\\\text{補正率}}}{0.90} = \underset{\substack{\text{小数点第2位}\\\text{未満切り捨て}}}{0.71} < \underset{\substack{\text{間口狭小}\\\text{補正率}}}{0.90} \times \underset{\substack{\text{奥行長大}\\\text{補正率}}}{0.90} = 0.81$$

$$\underset{\substack{\text{奥行価格補正後の}\\\text{価額}}}{32{,}800{,}000\text{円}(\text{A})} \times \underset{\substack{\text{不整形地}\\\text{補正率}}}{0.71} = \underset{\substack{\text{不整形地補正後の}\\①\text{の価額}}}{23{,}288{,}000\text{円}(\text{B})}$$

3　通路部分（A–B–F–G–A）の価額

$$\underset{\text{路線価}}{100{,}000\text{円}} \times \underset{\substack{\text{通路部分}\\\text{の地積}}}{40\text{㎡}} = \underline{\underset{\text{}}{4{,}000{,}000\text{円}(\text{C})}} < \underset{\text{限度額}}{23{,}288{,}000\text{円}(\text{B})} \times 0.4$$

4　評　価　額

$$\underset{\substack{\text{不整形地補正後の}\\①\text{の価額}}}{23{,}288{,}000\text{円}(\text{B})} - \underset{\text{通路部分の価額}}{4{,}000{,}000\text{円}(\text{C})} = \underset{\text{無道路地①の評価額}}{19{,}288{,}000\text{円}}$$

2　不整形地補正

(1)　不整形地の補正

路線価は標準的な整形地としての価額を表している。これに対し，

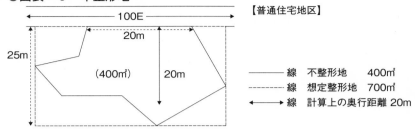

●図表－3 不整形地

【普通住宅地区】

—— 線 不整形地 400㎡
---- 線 想定整形地 700㎡
←→ 線 計算上の奥行距離 20m

不整形地は，画地の全部が宅地としての機能を十分に発揮できないため，不整形の程度に応じて補正を行うこととなる（評価通達20）。

　例えば，図表－3のような不整形地は，道路からの垂線によって宅地を囲むく形を想定整形地とし，そこに生じたかげ地の割合に応じて不整形地の減価を行う*2。

　その際，不整形地補正率は，その不整形の程度，位置及び地積の大小，所在する地区区分に応じて1～30％の減価が行われる*3。図表－3の不整形地の場合は，普通住宅地区，500㎡未満，かげ地割合42.86％という条件の下で15％の減価となる*4。

(2) 不整形地としての評価を行わない場合

---

*2 国税庁質疑応答事例「不整形地の評価―計算上の奥行距離を基として評価する場合」参照
*3 不整形地補正率については，財産評価基本通達付表4及び5参照
*4
　1 不整形地の計算上の奥行距離による奥行価格補正

地　積　　間口距離　　計算上の奥行距離　想定整形地の奥行距離
400㎡ ÷ 　20m 　＝ 　　20m 　　　　（ ＜ 25m）

　　　　　　　　奥行距離20mの場合　1平方メートル
路線価　　　の奥行価格補正率　　当たりの価額
100,000円 × 　　　1.00 　　＝ 　100,000円

　2 不整形地補正率
不整形地補正率0.85（普通住宅地区 地積区分A かげ地割合42.86％）

$$\text{かげ地割合} = \frac{\underset{700㎡}{\overset{\text{想定整形地の地積}}{}} - \underset{400㎡}{\overset{\text{不整形地の地積}}{}}}{\underset{700㎡}{\underset{\text{想定整形地の地積}}{}}} ≒ 42.86\%$$

ただし，例えば，図表－4のような帯状部分を有する宅地は，不整形地としての評価は行わないことに注意が必要である[5]。

まず，帯状部分（乙）とその他部分（甲）から構成されている評価対象地を一体として評価すると，図表－5のとおり，不整形地補正率0.82となり，評価額は17,138,000円となる。

これに対し，帯状部分（乙）とその他部分（甲）を別々に評価を行うことで整形地が2つということになり全体の評価額は20,900,000円となる。

つまり，全体を不整形地として1画地で評価を行うよりも，帯状部分とその他部分を別々に評価した方が価値が高いということになる。

このように不整形地として評価することでかげ地割合が過大となり，帯状部分を別々に評価した方が価額が高くなる場合には，不整形地としての評価は行わないこととなる。

●図表－4　帯状部分を有する宅地

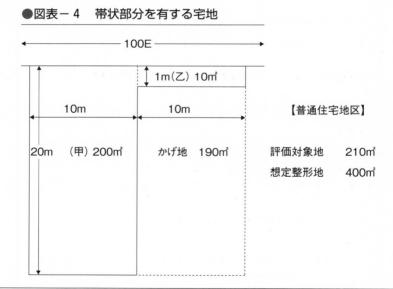

＊5　国税庁質疑応答事例「不整形地の評価—不整形地としての評価を行わない場合①」参照

●図表－5

不整形地として一体評価する場合	1　評価額

<table>
<tr><td rowspan="4">不整形地として一体評価する場合</td><td>

1　評価額

（甲＋乙）土地の評価額　　不整形地補正率　　　　　　　　　　　　甲土地のみの評価額
20,900,000円　　×　　0.82　　＝ 17,138,000円　＜　20,000,000円

不整形地補正率0.82（普通住宅地区　地積区分A　かげ地割合47.5%）

</td></tr>
</table>

不整形地として一体評価する場合

1　評価額

（甲＋乙）土地の評価額　　不整形地補正率　　　　　　　　　甲土地のみの評価額
20,900,000円　　×　　0.82　　＝ 17,138,000円　＜　20,000,000円

不整形地補正率0.82（普通住宅地区　地積区分A　かげ地割合47.5%）

$$かげ地割合 = \frac{\overset{想定整形地の地積}{400㎡} - \overset{不整形地の地積}{210㎡}}{\underset{想定整形地の地積}{400㎡}} = 47.5\%$$

不整形地として評価を行わない場合

1　甲土地の評価額

　路線価　　　奥行価格補正率　　　　　　　　　地　積
100,000円 ×　　1.00　　　× 200㎡ ＝ 20,000,000円

2　乙土地の評価額

　路線価　　　奥行価格補正率　　　　　　　　　地　積
100,000円 ×　　0.90　　　× 10㎡ ＝ 900,000円

3　評価額

甲土地の評価額　　乙土地の評価額
20,000,000円 ＋ 900,000円 ＝ 20,900,000円

3　河川が介在している宅地

(1)　水路としての形態がない場合

　評価対象地と道路との間に河川や水路が介在している場合がある。
　図表－6のように，公図上で水路が介在している場合がこれにあたる。
　水路はあくまでも水路であって道路ではないが，昔水路が介在していて現在は水路としての形態がなく道路として利用されているような場合には，通常水路占用を得ることなく自由に敷地へ出入りでき，建築基準法においても道路として認定されているものが一般的である。
　このような場合には，通常通り，建築基準法上の道路に接面して

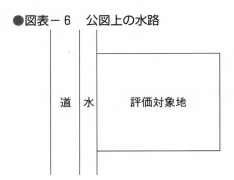

●図表－6　公図上の水路

道　水　評価対象地

いるものとして評価を行う。

　ただし，外見上道路の形態（暗渠）となっていても，水路が介在することにより占有許可が必要となる場合の取扱いは次の(2)の通りとなる。

(2)　水路としての形態がある場合

　現状で水路としての形態のあるものについては，原則として，その河川や水路に，占有の許可を得て幅員2m以上の橋を設けることで，建築基準法に規定する道路に接続できる敷地については，接道規定を満たしているものとして取り扱われる。

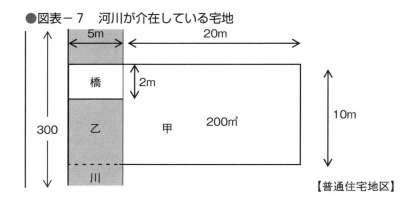

●図表－7　河川が介在している宅地

5m　20m
橋　2m
300　乙　甲　200㎡　10m
川
【普通住宅地区】

したがって，図表－7のように，河川に橋を設置して道路に接することになる*6。

このような宅地を評価する際には，実務上，下記の算式のとおり，甲，乙及び橋を一体として評価した価額から乙及び橋の価額を差し引き，その後乙及び橋をかげ地として不整形地補正等をして評価を行う。

（算式）

（イ）　甲，乙及び橋を一体として評価した価額

正面路線価　　　奥行価格補正率(25m)　　　地　積
$$300千円 \times 0.97 \times 250m^2 = 72,750千円$$

（ロ）　乙及び橋の奥行価格補正後の価額

正面路線価　　奥行価格補正率(5m)　　地　積
$$300千円 \times 1.00(注) \times 50m^2 = 15,000千円$$

（注）　奥行距離が5mの場合の奥行価格補正率は0.92であるが，0.92とすると甲，乙及び橋を一体として評価した単価より甲部分の単価が高くなり不合理なので補正率を1.00とする。

ただし，甲，乙及び橋を合わせて評価する場合において，奥行距離が短いため奥行価格補正率が1.00未満の数値となる場合は，乙及び橋の奥行価格補正率もその数値とする。

（ハ）　（イ）－（ロ）

$$72,750千円 - 15,000千円 = 57,750千円$$

（ニ）　橋と乙をかげ地として不整形地補正

不整形地補正率＝0.94（不整形地補正率）

$\times 0.90$（間口狭小補正率）＝0.84

（かげ地割合＝50／250＝20％・地積区分A）

（ホ）　橋の幅員を甲の間口として間口狭小，奥行長大を適用

0.90（間口狭小補正率）$\times 0.90$（奥行長大補正率）＝0.81

＊6　国税庁「資産税関係質疑応答事例集（平成13年）」TAINS・評価事例708208参照

　57,750千円×0.81＝46,777,500円

4　がけ地を有する宅地の評価

(1)　がけ地の評価

　宅地のなかには，平坦部分とがけ地部分が一体となっているケースがある。例えば，ヒナ段式に造成された住宅団地に見られるような，擁壁部分を有する宅地である。

　このようながけ地等で通常の用途に供することができないと認められる部分を有する宅地については，その方位やがけ地の面積に応じて４〜47％のがけ地補正が行われる*7。

　例えば，図表−8のように，南側にがけ地を有している宅地の評

●図表−8　がけ地を有する土地

*7　がけ地補正率については財産評価基本通達付表8参照

価については，以下のような算式に基づいて８％減価を行う*8。

（算式）

総地積に対するがけ地部分の割合

$$\frac{がけ地の地積(B)}{総地積(A+B)} = \frac{60m^2}{180m^2 + 60m^2} = 0.25$$

評価額＝

路線価	奥行価格 補正率	がけ地割合0.25の場合の 南方位のがけ地補正率	地　積	
300,000円 ×	1.00 ×	0.92	× 240m² ＝	66,240,000円

(2)　がけ地の評価単位

　上記のとおり，がけ地については，がけ地部分を切り離して別個
の評価単位とはせずに宅地として一体評価を行う。

　ただし，評価対象地の中に存するがけの部分が，市街地山林であ
ったり急傾斜な雑種地であったりする場合がある。このような場合
においては，宅地として一体評価を行わないことから，別個の評価
単位として評価を行う。

　市街地山林や急傾斜な雑種地を宅地比準方式により評価を行う場
合には，がけ地部分についてがけ地補正を行うこととなるが，宅地

●図表－９　がけ地の地目

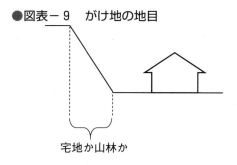

宅地か山林か

---

*8　国税庁質疑応答事例「がけ地等を有する宅地の評価」参照

造成費の控除とは重複して適用できないことに注意が必要である。

　がけ地補正は，がけ地が通常の用途に供することができないことから一定の減価を認めるものであり，これに対し，宅地造成費を控除する評価方法は，宅地以外の土地を宅地に比準させる際に宅地との差を減価するものだからである。

5　赤道が存する宅地の評価

(1)　赤道とは

　赤道とは，公図において地番の記載がない旧道路や旧水路のことをいい，国や市町村が所有している。いわゆる法定外公共用財産である*9。

　使われなくなった赤道（里道）もあり，赤道であることを知らずに田畑や宅地の一部とされているものもある。道路として機能していないものについては，占有者が国等から払下げを受けることができる場合もある。

(2)　赤道も含めて一体として評価する場合

①　評価の方法

　例えば，図表－10のようなケースである*10。

　評価対象地の中央部に赤道（丙土地・国有地）があるが，甲土地，乙土地及び丙土地あわせて一体として自宅の敷地の用に供されている。

　仮に，このような土地を売却する際には，宅地の所有者が，国等

＊9　道路，河川，ため池等の公共物のうち，道路法，河川法，下水道法等の特別法によって管理の方法が定められているものを法定公共物という。
　　これに対し，公共物のうち特別法が適用又は準用されないものを法定外公共物といい，里道（認定外道路，赤道等）や水路（普通河川，青道等）がある。
＊10　国税庁「資産税審理研修資料（平成20年）」TAINS・評価事例708135参照

●図表-10　赤道が存する宅地

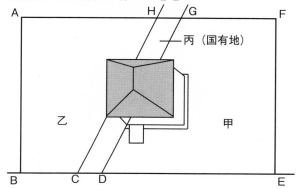

から赤道の払下げを受ける場合もあるが，赤道が存するままの状態でその土地を譲渡する場合には，その赤道が存しない場合より低い価額となることが考えられる。

　そこで，居宅の敷地として赤道を含めて一体利用しているような場合においては，赤道を含めたところで1画地として評価し，完全な所有権とするための費用，すなわち，赤道を国等から払下げを受けた場合の費用相当額を控除して評価する。

　なお，この場合の控除すべき赤道の払下げに要する金額については，次の算式により求めた金額として差し支えないものとされている。

（算式）

$$\begin{matrix}1\,\text{m}^2\text{当たりの} \\ \text{当該宅地の} \\ \text{相続税評価額}\end{matrix} \times (1-\text{借地権割合}) \times \text{受給修正率}(0.5) \times \begin{matrix}\text{当該宅地} \\ \text{に存する} \\ \text{赤道の面積}\end{matrix}$$

② 評価の単位

　この場合の評価単位は，A–B–C–D–E–F–G–H–A となり，間口は B–C–D–E となる。

　当然，評価地積も A–B–C–D–E–F–G–H–A の地積となり，払下げ

●図表−11　青地が存する宅地

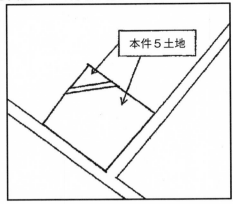

本件5土地

に要する費用を算定する際の「赤道の面積」はC–D–G–H–Cの地積となる。

③　争訟事例

　東京地裁平成30年11月30日判決〔TAINS・Z888−2239〕は，青地（旧水路）により分断されている土地の評価が争われた事例である。

　評価対象地である本件5土地（図表−11）は，市が所有するいわゆる青地（旧水路）が存在していたが，当該青地は埋め立てられ，青地部分も含めて宅地となっていた。

　判決においては，本件5土地について，青地部分も含めた全体の評価額から，青地部分の払下費用相当額を控除する評価方法は，無道路地における開設通路部分の価額の控除と同様に上記相当額を控除するというものであり，適正な時価を算定する方法として一般的な合理性を有するものであると判示されている。

(3)　一体として評価しない場合

　ただし，赤道を挟んだ双方の土地が独立して利用されている場合や，赤道の払下げができる状況等にない場合は，原則どおり，双方

の土地をそれぞれ別個の評価単位として評価する。

　かつて，旧広大地の取扱いのもとでは，一体として評価することで広大地に該当し，別個で評価することで広大地に該当しないこととなり，影響の大きな論点であった。

　現行の取扱いでも，赤道を含めて一体評価を行うことで地積規模の大きな宅地に該当したり，別個の評価単位とすることで地積規模の大きな宅地に該当しないことになったりするため留意が必要である。

第6章
私道と評価単位

1 私道の評価

(1) 私道の種類と評価

　評価対象の土地が道路として利用されている場合がある。いわゆる私道である。

　このような私道は，財産評価上，①不特定多数の者の通行の用に供されているものと，②専ら特定の者の通行の用に供するものに分けられる（評価通達24）。

　そして，①に該当する私道の価額は０円となり，②に該当する私道の価額は，その土地が私道でないものとして評価した価額の30％に相当する価額によって評価する。

(2) 不特定多数の者の通行の用に供されているとは

　さて，「不特定多数の者の通行の用に供されている」とは，具体的にどのようなものをいうのであろうか。

　ここでは，実務上，次のようなものがそれに該当するとされている[1]。

　　イ　公道から公道へ通り抜けできる私道

　　ロ　行き止まりの私道であるが，その私道を通行して不特定多数の者が地域等の集会所，地域センター及び公園などの公共施設や商店街等に出入りしている場合などにおけるその私道

　　ハ　私道の一部に公共バスの転回場や停留所が設けられており，不特定多数の者が利用している場合などのその私道

　つまり，公道から公道へ通り抜けできる私道は評価しないこととされ，袋小路のような行き止まり私道は30％に相当する価額によっ

---

[1]　国税庁質疑応答事例「不特定多数の者の通行の用に供されている私道」

て評価することとなる。

2　不特定多数の者の通行の用に供されている私道の評価

(1)　通り抜け私道の評価単位

　まず，所有している私道が，不特定多数の者の通行の用に供されている場合である。

　例えば，図表－１のようなケースを確認しておきたい。

(イ)　被相続人・甲は，A土地及びB私道を所有している。

(ロ)　甲は，A土地上に居住用家屋を建てて自ら使用している。

(ハ)　B私道は，公道から公道へ抜ける通路として，不特定多数の者の通行の用に供されている。

　この場合，A土地は宅地として，B土地は私道として利用の単位が異なることから，それぞれを１画地として評価する。

　A宅地の評価単位はA-B-C-D-Aとなり，間口はB-Cとなる。

　B私道の評価単位は，E-F-G-H-C-B-Eとなるが，評価額は０円

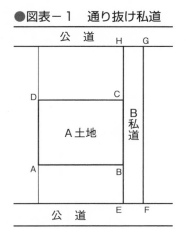

●図表－１　通り抜け私道

となる。

(2) セットバックを必要とする宅地の評価

① セットバックとは

　土地の上に建築物を建てようとする場合，建築基準法において，幅員が4メートル以上の道路に2メートル以上の間口で接していることが要件とされる（建基法43。いわゆる「接道義務」である。）。

　また，幅員4メートル未満の道路であっても，将来，建替え時などに4メートルとなるように後退することで建築基準法上の道路と認定されるものがある（建基法42②）*2。これをセットバックという。

　このようなセットバックを必要とする道路（いわゆる42条2項道路）に面しており，将来，建物の建替え時等に道路として提供しなければならない部分を有する宅地は，全体を1画地として評価した上で，そのセットバック部分について30％によって評価する（評価通達24－6）。

② 将来セットバックを必要とする宅地の評価

　例えば，図表－2は，現在4メートル未満の道路（42条2項道路）に接面しており，将来，建物の建替え時等にはセットバックを

●図表－2　セットバックを必要とする宅地

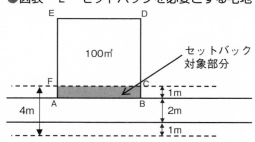

*2　幅員4メートル未満の道路が，建築基準法上の道路（42条2項道路）に該当するか，建築基準法の認定外であるかは，各市区町村の建築指導課等で確認できる。

しなければならないケースである。

　このような土地においては，セットバックの有無は評価単位に影響はないため，評価単位は全体を1画地の宅地として評価する。つまり，評価単位はA–B–C–D–E–F–A，間口はA–Bとなる。

　そして，セットバックを必要とする部分（A–B–C–F–A）について30％の評価（70％減）を行う。

(3)　過去にセットバックが行われ，道路提供済みである場合

　一方，過去にセットバックが行われ，評価対象地の一部がすでに道路として利用されている場合は注意が必要である。

　道路として利用されている部分については，私道として切り離して評価を行うこととなる。

　例えば，図表−3のようなケースを確認しておきたい。

　評価対象地（A土地）について，過去にセットバックが行われているため，現況は一部（図表−3のA–B–C–F–A部分）が道路として利用されているが，公図上は，まだ分筆されていないことから宅地部分も道路部分もあわせて1筆の土地となっている（図表−4）。

　この場合，宅地部分と道路部分を別々に評価するのであるが，宅地の評価単位はF–C–D–E–Fとなり，間口はF–Cとなる。

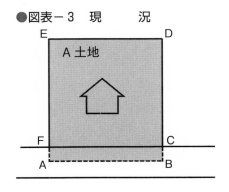

●図表−3　現　　況

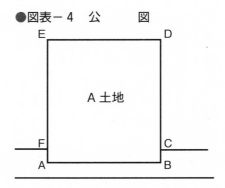

●図表－4　公　　図

A 土地

　私道の評価単位は，A–B–C–F–A となり，不特定多数の者の通行
の用に供されている私道であればゼロ評価，特定の者の通行の用に
供されている私道であれば3割として評価がなされる。

⑷　相　違　点

　セットバックを必要とする宅地（図表－2）とセットバック済み
である宅地（図表－3）の相違点は図表－5のとおりである。
　評価上の間口は，前者においては A–B であるが，後者において
は F–C となる。
　評価上の地積は，前者においては A–B–C–D–E–F–A の地積とな
るが，後者においては F–C–D–E–F の地積となり，A–B–C–F–A の
地積は私道として別評価となるため留意が必要である。つまり，後
者においては，評価担当者が現地で計測したり，図面を用いたりし
て A–B–C–F–A を求積し，切り分ける必要がある。

●図表－5　相　違　点

	セットバックを必要とする宅地	セットバック済みである宅地
評価単位 （評価地積）	A-B-C-D-E-F-A （うち A-B-C-F-A 部分は 30%評価）	F-C-D-E-F （別途 A-B-C-F-A は私道 として評価）
間口，奥行	A-B，A-F-E	F-C，F-E

3 特定の者の通行の用に供され ている私道

⑴ 行き止まり私道の評価単位

　次に，所有している私道が，行き止まりの袋小路であるなど，特定の者の通行の用に供されている場合である。

　例えば，図表－6のようなケースを確認しておきたい。

⑷　被相続人・甲は，A土地及びB私道（私道の持分は6分の1）を所有している。

㊀　甲は，A土地上に居住用家屋を建てて自ら使用している。

㈨　B私道は，行き止まりの私道として，特定の者（私道の隣地所有者）の通行の用に供されている。

㈁　B私道に路線価は付されていない。

　この場合も，A土地は宅地として，B土地は私道として利用の単位が異なることから，それぞれを1画地として評価する。

　B私道の評価単位は，B–C–D–E–F–N–M–L–Bとなる。間口については，B–C及びE–Fがすみ切りである場合は，C–D–Eとなる[*3]。

　なお，私道の評価方法については，原則として，正面路線価を基として次の算式1によって評価するが，その私道に特定路線価が設定された場合は，次の算式2のように特定路線価に30%を乗じて求められた価額としても差し支えないものとされている[*4]。

（算式1）

---

*3　国税庁質疑応答事例「間口距離の求め方」
*4　国税庁タックスアンサー「No.4622　私道の評価」
　　なお，A土地が被相続人の居住用宅地等である場合に小規模宅地等の特例を適用することがある。その際，B私道がA土地の維持・効用を果たすために必要不可欠なものである場合には，A土地だけでなくB私道についても小規模宅地等の特例の適用ができる（国税庁質疑応答事例「小規模宅地等の特例の対象となる私道」）。

$$正面路線価 \times \frac{奥行価格}{補正率} \times \frac{間口狭小}{補正率} \times \frac{奥行長大}{補正率} \times 0.3 \times 地積 = \frac{私道の}{価額}$$

（算式2）

$$特定路線価 \times 0.3 \times 地積 = 私道の価額$$

(2)　私道に建築基準法の認定がされている場合

さて，このような私道に接する宅地（図表－6のA土地）を評価する場合，その私道が建築基準法上の道路（位置指定道路*5）として認定されているか否かによって評価方法が異なってくる。

第一に，図表－6のケースにおいて，その私道が，建築基準法上の道路（位置指定道路）としての認定を受けている場合である。

このようなケースにおけるA土地の評価については，B私道に特定路線価を設定するか，または，特定路線価を設定せずに付近の路

●図表－6　行き止まり私道

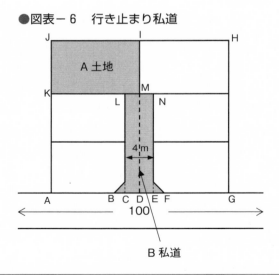

B私道

---

* 5　位置指定道路とは，道路を新設するなどした際，一定の基準に適合するものについて，特定行政庁から認定を受けた私道をいう（建基法42①五）。位置指定道路となった場合，その道路に面する土地は，建物の建築が可能となる。

線価を基に路地状敷地として評価するかの2通りの評価方法がある。

① 特定路線価を設定する場合

　B私道に特定路線価を設定する場合，A土地の評価単位はI–J–K–L–M–Iとなり，間口はL–Mとなる（この際，間口は接道義務を満たす必要があり，接道義務を満たさない場合は，無道路地に準じて評価を行う*6。）。

② 路地状敷地として評価する場合

　B私道に特定路線価を設定せず，路地状敷地として評価する場合，A土地の評価単位はI–J–K–L–C–D–M–Iとなり，間口は接道義務を満たすことを前提としたC–Dとなる（評価対象地のみを切り抜いたものが図表－7である。）。

　間口や奥行き，不整形地などの補正は，評価の対象となっている土地の全体（I–J–K–L–C–D–M–I）に基づいて行い，土地の1㎡当たりの単価を算出し，これにI–J–K–L–M–Iの地積（課税地積）を

●図表－7　評価の形状

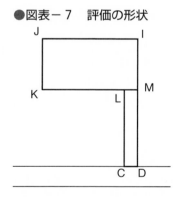

*6　接道義務は，土地が所在する各自治体によって異なる。例えば東京都の場合は，路地状部分の長さに応じて，次の例の通り定められている（東京都建築安全条例3）。

敷地の路地状部分の長さ	幅　員
20m 以下のもの	2 m
20m を超えるもの	3 m

乗じて相続税評価額を算出する。

この場合の評価地積及び課税地積は以下の算式のとおりとなる*7。

（算式）

$$\frac{課税地積}{評価地積} = \frac{I\text{–}J\text{–}K\text{–}L\text{–}M\text{–}I\,の地積}{I\text{–}J\text{–}K\text{–}L\text{–}C\text{–}D\text{–}M\text{–}I\,の地積}$$

(3)　私道に建築基準法の認定がされていない場合

第二に，図表－6のケースにおいて，その私道が，建築基準法上の道路としての認定を受けていない場合である。

この場合，私道に特定路線価を設定するか否かであるが，その私道が建築基準法上の道路に認定されていない場合には，特定路線価を設定しないこととなる*8。

したがって，A土地の評価は，前述(2)の②のとおりとなる。

(4)　様々な私道の形態

さて，私道は，図表－6のように，1筆となっていて隣地の所有者と共有で持ち合うケースが多いが，なかには筆がわかれて持ち合うケースがある。

例えば，図表－8のように短冊状に筆が分かれている私道である。

このような私道の評価単位について，所有地（B–C–F–G–B）のみを評価単位とすべきか，他人所有の筆もあわせて全体（A–B–C–D–E–F–G–H–A）を評価単位とすべきかは明文の規定がないが，他

＊7　本書では，評価の対象となっている土地の全体地積を「評価地積」といい，その評価地積のうち，相続税や贈与税の課税対象となる部分を「課税地積」という。

＊8　特定路線価設定の申出をする際のチェックシートとして，各国税局により「特定路線価設定申出書の提出チェックシート」が公表されている。そこでは，特定路線価を設定する要件として，①路線価地域内にあること，②路線価の設定されていない道路のみに接していること，③評価する土地等の利用者以外の人も利用する道路であること，④建物の建築が可能な道路（建築基準法上の道路）であることとされている。

つまり，建築基準法上の道路ではない場合には特定路線価を設定しないこととなる。

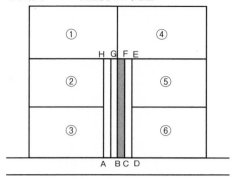

●図表－8　短冊状の私道

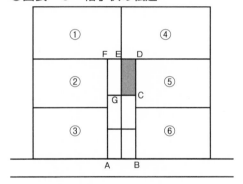

●図表－9　格子状の私道

人所有の筆も含めて，現実に私道として利用されている部分を評価の単位とし，地積で按分して評価額を算出するのが合理的と考えられる。

　評価単位は所有地のみで評価するという考え方もあるが，そうなると図表－9のように格子状に持ち合っているケースで，所有地（C-D-E-G-C）を評価するなどという場合に評価方法が複雑（結局他人所有の土地も含めて評価すること）となる。

(5)　貸家の利用に供されている私道

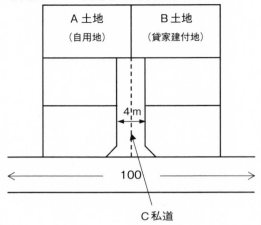

●図表－10　自用地と貸家建付地

宅地と私道の評価において，宅地部分が貸宅地であったり，貸家建付地であったりするケースがある。

このような場合の宅地の評価方法は上記3(2)又は(3)と同様であるが，貸宅地や貸家建付地と一体となって効用を成している私道の評価については，貸宅地としての評価や貸家建付地としての評価減を行う。

例えば，図表－10のように，私道の利用者が自用地と貸家建付地から成る場合は，C私道の一部が自用地評価，一部が貸家建付地評価というように地積按分を行って評価する[9]。

4 専用通路の評価

(1) 専用通路の評価

専ら特定の者の通行の用に供されている私道のうち，注意しなけ

＊9　飯田隆一編『土地評価の実務（令和2年版）』（大蔵財務協会，2020年）241頁

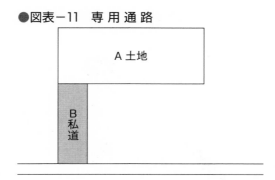

●図表−11　専　用　通　路

A 土地

B
私
道

ればならないのが専用通路の取扱いである。

　専用通路とは，隣地とは塀などで区分されているなどして利用者が1つの土地に限定されており，評価通達24が想定している第三者に対する私道の利用負担とは異なるものをいう。

　例えば，次の図表−11のようなB私道がA土地の所有者しか利用していない通路となっているケースである。

　このようにA土地への通路として専用利用されているB私道は，私道として評価することはせず，隣接する土地と一体評価を行う*10。

(2)　争　訟　事　例

　東京地裁平成25年8月30日判決〔税務訴訟資料263号順号12283〕は，通路部分が，私道か宅地かが争われた事例である。

　本件各土地の概要は以下のとおりである。

(イ)　被相続人は，図表−12の本件A土地，本件B1土地，本件B2土地，本件南側通路を所有していた。

(ロ)　本件A土地は被相続人の自宅の敷地であり，本件南側通路を通じて南側道路に接している。本件南側通路は，間口約3メートル，奥行18.5メートルであり，本件A土地への人及び自動車の

---

*10　国税庁質疑応答事例「私道の用に供されている宅地の評価」参照

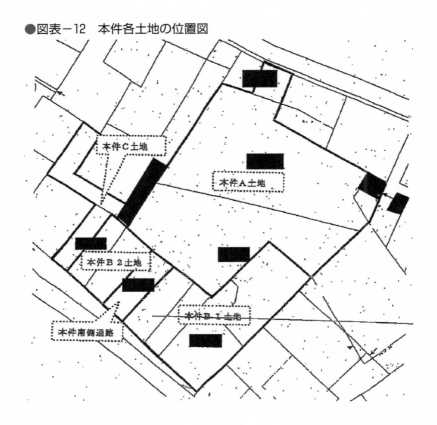

進入路として利用されている。

(ハ)　本件Ａ土地の北側は通路状となっており北側道路に接してい
る。その通路状部分は，間口約3.4メートルであるが，塀や花壇
により，人が通行できるものの自動車が進入することはできない
状況にある。

(ニ)　本件Ｂ１土地及び本件Ｂ２土地は月極駐車場として使用されて
おり，いずれも南側道路に接している。

(ホ)　月極駐車場の利用者のうち，本件南側通路に面した区画を利用
している者は，駐車の際，本件南側通路を使用している。

本件南側通路について，原告は，本件Ｂ土地の駐車場利用者が

駐車するための通路としても利用されており，本件Ｂ１土地，本件Ｂ２土地および本件南側通路を一団の雑種地として広大地（旧評価通達24－4）として評価すべきと主張した。

これに対し，課税庁は，本件南側通路は本件Ａ土地への進入路という関係にあり，本件Ａ土地と本件南側通路を自宅敷地として1個の単位で評価すべきと主張した。

判決は，本件南側通路は，被相続人が自宅の敷地に自動車で進入するために不可欠の通路であり，「建物の敷地及びその維持若しくは効用を果たすために必要な土地」であると認められ，駐車場を利用している者のすべてが南側通路を利用する状況にはないことも考慮すると，本件Ａ土地と本件南側通路は1個の評価単位とすべきであると判示している。

5 道路状空地の取扱い

マンションやビルを建築するために宅地開発をする際，建築基準法や都市計画法の制限により，道路状の空地を設けることがある。

そのような道路状空地の取扱いを確認しておきたい。

(1) 公開空地のある宅地の評価

建築基準法59条の2（敷地内に広い空地を有する建築物の容積率等の特例）では，建物の敷地内に日常一般に公開する広い空地を有するなどの基準に適合して許可を受けることにより，容積率や建物の高さに係る規制の緩和を受けることができる。

このような空地は，日常一般に公開するため，不特定多数の者の通行の用に供されていたり，ベンチが設置されていたりする。図表－13のようなケースである。

なお，財産評価にあたっては，この公開空地（B–C–D–E–B）は，建物を建てるために必要な敷地を構成するものであり，建築基準法

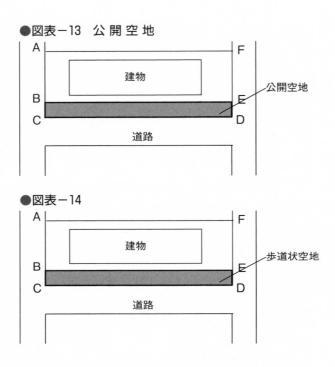

●図表－13　公開空地

A — — — F
建物
B — — E　公開空地
C — — D
道路

●図表－14

A — — — F
建物
B — — E　歩道状空地
C — — D
道路

　上の建ぺい率や容積率の計算に当たっては，その宅地を含めて算定するものであることなどからみて，一般の建物の敷地と何ら異ならないことから，特にしんしゃくしない（私道として評価しない）こととされている*11。

　したがって，図表－13における土地の評価単位はA–B–C–D–E–F–Aとなり，間口はC–D，A–B–C及びD–E–Fとなる。

(2)　歩道状空地の用に供されている宅地の評価

　公開空地と似て非なるものに歩道状空地がある。歩道状空地は，建物を建築する際に，都市計画法に定める開発許可を受けるために行政指導に従って設けられた空地である*12。

---

*11　国税庁質疑応答事例「公開空地のある宅地の評価」

例えば，図表－14の歩道状空地は，①建物を建築する際に開発許可を受けるために，地方公共団体の開発指導要綱等を踏まえた行政指導にしたがって，②道路に沿って幅2メートルの歩道状空地を設ける必要があり，歩道としてインターロッキングなどの舗装が施され，③居住者等以外の第三者による自由な通行の用に供されている。

　このような歩道状空地は，その宅地の位置関係，形状等や道路としての利用状況，これらを踏まえた道路以外の用途への転用の難易等に照らし，客観的交換価値に低下が認められる場合には，私道として評価をすることとなる*13。

　したがって，宅地の評価単位はA–B–E–F–Aとなり，間口はB–E，A–B及びE–Fとなる。

　また，私道の評価単位は，B–C–D–E–Bとなり，不特定多数の者の通行の用に供されている場合には評価額はゼロ，特定の者の通行の用に供されている私道であれば3割として評価がなされる。

　これは，過去にセットバックが行われて道路提供済みである宅地の評価方法（95頁）と同様，登記上の地積はA–B–C–D–E–F–Aであるが，以下の算式のとおり，相続税又は贈与税の課税地積はA–B–E–F–Aの地積のみとなることに留意が必要である。

（算式）

$$\frac{課税地積}{登記地積} = \frac{A\text{–}B\text{–}E\text{–}F\text{–}A\,の地積}{A\text{–}B\text{–}C\text{–}D\text{–}E\text{–}F\text{–}A\,の地積}$$

＊12　宅地開発をする場合，良好な市街地の形成を図ることや，宅地に一定の水準を確保させるため，例えば，道路や公園等の公共空地が適切に設計されていること，公共施設及び予定建築物の用途の配分が適切に定められていることなどといった開発許可の基準が定められている（都計法33①）。

　　また，各自治体が宅地開発に対して独自に基準の強化又は緩和，最低敷地面積に関する制限などの取扱いを定めることができる。この取扱いを定めたものを開発指導要綱という。

＊13　国税庁質疑応答事例「歩道状空地の用に供されている宅地の評価」参照。従来，このような歩道状空地は，私道として評価されることはなく宅地として評価がされてきたが，私道として評価を行うことが相当とする最高裁平成29年2月28日判決〔TAINS Z888－2047〕を受けて，平成29年に当該質疑応答事例が追記されている。

6 本章のまとめ

　私道と評価単位の論点として最も重要なポイントは，評価対象地の一部が道路（歩道状空地を含む。）として利用されている場合，別個の評価単位となるという点である。

　そこで，評価担当者は，例えば，セットバックが済んでいる部分や歩道状空地として利用されている部分について，図面と現地の状況を照らし合わせて，どの部分がどのくらい道路として利用されているのかを的確に判断しなければならない。

　そして，道路として利用されている部分を切り離した後は，私道の評価の問題である。

　実務上，その道路部分が，通り抜けできるようなケースにおいてはゼロ円とし，行き止まりの袋地のようなケースにおいては３割評価を行う。

　なお，袋地の私道について，その私道の利用者が１つの土地に限定されるような専用通路となっている場合には，私道としての評価は行わず，その隣接する土地と一体評価を行うことに注意が必要である。

第 7 章
貸家建付地と評価単位

1 貸家建付地の評価単位

本章では，評価対象地である土地及び家屋が，他者へ賃貸されているケースについて確認しておきたい。賃貸している戸建家屋，マンション，アパートの評価として，実務上頻度の高い論点である。

宅地の評価単位は，1画地（利用の単位となっている1区画）による。1画地によって評価を行う理由は，その宅地を取得した者が，その土地を使用収益，処分することができる利用単位ないし処分単位だからである。

したがって，その土地を自用地として使用している場合は，他から制約を受けることがないので，それを1画地として評価する。その土地を他人に賃貸している場合は，賃貸借契約に基づく制約を受けることとなるため，自用地とは区分して評価を行う。さらに，賃貸部分においても2以上に貸し付けられている場合には，その借主の異なるごとに1画地として評価する[*1]。これが最も基本的な実務指針となる。

以下，具体例をあげて確認していきたい。

2 戸建ての貸家を所有している場合

(1) 自用地と貸家建付地

評価対象地のうち，一部を自己が利用し，他の部分を戸建住宅の貸家として賃貸の用に供している場合には，それぞれを別の評価単位とする。

---

*1　国税庁質疑応答事例「宅地の評価単位」

●図表－1　自用地と貸家建付地

例えば，図表－1のようなケースである。

㋑　被相続人・甲は，A土地及びB土地を所有している。

㋺　甲は，A土地上に建物を建て，自らの居住用として使用している。

㋩　甲は，B土地上に建物を建て，その建物を乙へ賃貸している。

　このような場合，A土地は，所有者自ら使用する他者の権利が存しない土地であるが，B土地は借家権という他人の権利が存する。

　したがって，A，B両土地は利用の単位が異なると認められ，それぞれを別個の評価単位とする。

(2)　貸家建付地が減価される理由

　貸家建付地の評価が減額されるのは，借家人が家屋に対する権利を有するほか，その家屋の敷地についても，家屋の賃借権に基づいてある程度支配権を有していると認められ，逆にその範囲において地主は，利用についての受忍義務を負うこととなっているからである。

　また，建物が借家権の目的となっている場合には，賃貸人は一定の正当事由がない限り，建物賃貸借契約の更新拒絶や解約申入れができない（借地借家法28）ため，借家権を消滅させるために立退料等の支払をしなければならないこと，借家権が付いたままで貸家及びその敷地を譲渡する場合にも，譲受人は，建物及びその敷地利用

が制約されることになるため，貸家建付地及び貸家の経済的価値がそうでない土地及び建物に比較して低下することを考慮したものと解されている*2。

そのため，自用地としての価額から，宅地に係る借地権割合と貸家に係る借家権割合との相乗積を乗じて計算した価額を控除して評価する。

(3)　貸家が空き家となっている場合

ただし，たとえその家屋がもっぱら賃貸用として建築されたものであっても，課税時期において現実に貸し付けられていない家屋の敷地については，土地に対する制約がなく，貸家建付地としての減価を考慮する必要がないことから，自用地として評価する*3。

したがって，図表－1のようなケースにおいて，B土地上の貸家が，課税時期において空き家となっている場合は，A土地及びB土地はともに自用地として全体を1画地で評価する。

(4)　建物に賃貸部分と自用部分とが混在する場合

次に，図表－1において，B土地上の建物の1階を自ら使用し，2階を貸家の用に供しているようなケースである。

このような場合，B土地については，貸家の一部が自用であるとしても，B土地に借家人乙の支配権が存在することとなるため，A土地とB土地とは別個の評価単位となる。

なお，この場合のB土地の評価にあたっては，自用地としての価額から，宅地に係る借地権割合と貸家に係る借家権割合，後述の賃貸割合を乗じて計算した価額を控除して評価する。

---

*2　平成21年3月25日裁決〔TAINS・F0－3－229〕
*3　国税庁質疑応答事例「貸家が空き家となっている場合の貸家建付地の評価」

●図表－2　自用家屋と貸家が混在する敷地

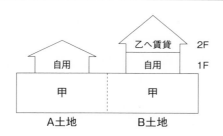

3　共同住宅（貸家）を所有している場合

⑴　自用地と貸家建付地

　次に，被相続人が，所有地の上にマンション・アパートといった共同住宅を建築し，賃貸の用に供している図表－3のようなケースである。

⑷　被相続人・甲は，A土地とB土地とを所有している。

㋺　甲は，A土地上に建物を建て，自らの居住用として使用している。

㋩　甲は，B土地上に賃貸用の2階建ての共同住宅（学生用の賃貸アパート）を建て，6戸の部屋をそれぞれ賃貸している。

　この場合もA土地とB土地は利用の単位が異なることから別個

の評価単位となる。B土地は，貸家建付地として，自用地価額から宅地に係る借地権割合と貸家に係る借家権割合との相乗積を乗じて計算した価額を控除して評価する。

(2)　共同住宅に空室がある場合

① 空室の原則的な取扱い

　図表－3のケースにおいて，課税時期において，共同住宅に空室がある場合の取扱いを確認しておきたい。

　評価対象である家屋がアパートやビル等であり，課税時期においてその一部に空室がある場合，原則として，その空室部分に対応する敷地部分については，貸家建付地の減額を行わないことになる。

　なぜなら，相続税法22条の相続開始時の時価とは，不特定多数の当事者間において自由な取引がされた場合に通常成立すると認められる価額をいうものとされ，相続開始時点において，賃貸されていない部屋が存在する場合は，その部屋の客観的交換価値はそれが借

●図表－3　自用地と共同住宅

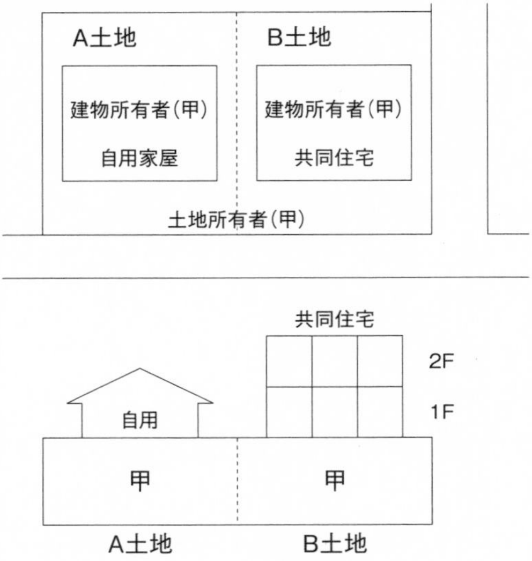

A土地	B土地
建物所有者(甲) 自用家屋	建物所有者(甲) 共同住宅
土地所有者(甲)	

共同住宅

自用

甲　　　　甲

A土地　　　B土地

2F

1F

114

家権の目的となっていないものとして評価すべきものと解されているからである*4。

　したがって，貸家及び貸家建付地の評価にあたっては，下記の算式のとおり，その建物のうち空室部分の割合を賃貸割合として考慮することにより，空室部分に対応する敷地については自用地評価を行うこととされている。

$$\begin{array}{c}\text{貸　家}\\\text{の価額}\end{array} = \begin{array}{c}\text{自用の家}\\\text{屋の価額}\end{array} - \begin{array}{c}\text{自用の家}\\\text{屋の価額}\end{array} \times \begin{array}{c}\text{借家権}\\\text{割　合}\end{array} \times \begin{array}{c}\text{賃貸}\\\text{割合}\end{array}$$

$$\begin{array}{c}\text{貸家建付}\\\text{地の価額}\end{array} = \begin{array}{c}\text{自用地とし}\\\text{ての価額}\end{array} - \begin{array}{c}\text{自用地とし}\\\text{ての価額}\end{array} \times \begin{array}{c}\text{借地権}\\\text{割　合}\end{array} \times \begin{array}{c}\text{借家権}\\\text{割　合}\end{array} \times \begin{array}{c}\text{賃貸}\\\text{割合}\end{array}$$

　なお，この賃貸割合は，その貸家が構造上区分された数個の独立部分からなっている場合においては，次の算式により算定する。

$$\begin{array}{c}\text{賃貸}\\\text{割合}\end{array} = \frac{\text{Aのうち課税時期において賃貸されている各独立部分の床面積の合計（B）}}{\text{その貸家の各独立部分の床面積の合計（A）}}$$

②　空室の例外的な取扱い

　ただし，アパート等においては，課税時期にたまたま一時的に空室が生じていることもある。アパート等が継続的に賃貸されていた場合に，原則どおり賃貸割合を算出し，空室を自用地として評価することは，不動産の取引実態等に照らし，必ずしも実情に即したものとはいえない場合がある。

　そこで，継続的に賃貸されていたアパート等の各独立部分で，例えば，次のような事実関係から，一時的に空室となっていたにすぎ

---

*4　横浜地裁平成7年7月19日判決〔税務訴訟資料213号134頁〕

ないと認められるものについては賃貸されていたものとして取り扱って差し支えないものとされている*5。

Ⅰ　各独立部分が課税時期前に継続的に賃貸されてきたものであること。

Ⅱ　賃借人の退去後速やかに新たな賃借人の募集が行われていること。

Ⅲ　空室の期間，他の用途に供されていないこと。

Ⅳ　空室の期間が課税時期の前後の例えば1ケ月程度であるなど一時的な期間であること。

Ⅴ　課税時期後の賃貸が一時的なものではないこと。

4　貸家が数棟ある場合

(1)　貸家建付地と貸家建付地

① 取 扱 い

　貸家建付地を評価する場合において，貸家が数棟あるときには，それぞれ各棟の敷地ごとに1画地とする*6。

　なお，その場合の実務上の留意点が2つある。

　第一は，1個の評価単位は必ずしも1筆の土地からなるとは限らず，2筆以上の土地からなる場合もあり，また，1筆の宅地が2以上の評価単位となる場合もあるという点である。

　例えば，図表－4のように，1筆の土地の上に7つの貸家が建っているが，公図上は，図表－5のようになっている（図中の「10－1」は所在地番を表す）ケースである。このとき，7つの借家人がそれぞれ異なるのであれば，評価単位を7区画に分ける必要がある。

　第二は，貸家の一部が空き家となっている場合には自用地とみな

＊5　国税庁質疑応答事例「貸家建付地等の評価における一時的な空室の範囲」
＊6　国税庁・前掲＊1

●図表－4　貸家の現況

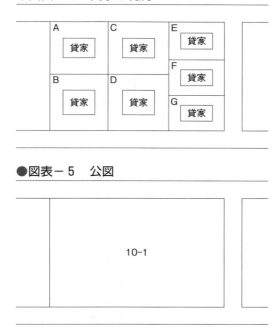

●図表－5　公図

されるため，地続きとなる自用地と自用地は一体となる点である。

　例えば，土地Eと土地Fや土地Eと土地Cなど隣り合う2以上の土地がいずれも空き家である場合は，自用地として一体評価を行う。

　一方で，土地Eと土地Gが空き家であるが，土地Fを賃貸の用に供している場合は，それぞれ3区画の評価単位となる。

② 争訟事例

　平成18年10月10日裁決〔TAINS・F0－3－152〕は，2棟の貸家の敷地の評価単位が争われた事案である。

　審査請求人が被相続人から相続により取得した本件土地の概要は，以下のとおりである。

(イ)　本件土地は，北側道路に20.87m面し，奥行距離20.00m，地積

●図表－6　貸家の配置図

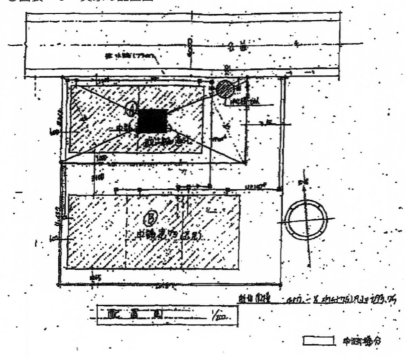

417.40㎡の長方形の貸家建付地である。

㈹　本件土地は，貸家（長屋）２棟の敷地であり，北側部分には，
貸間が２軒ある床面積80.97㎡の貸家，南側部分には，貸間が３
軒ある床面積118.98㎡の貸家（北側貸家と併せて「本件各貸家」
という。）がある（図表－６）。

㈥　本件各貸家の敷地を互いに区分する柵等はない。

本件土地の評価単位について，原処分庁は，全体を１画地として
評価するのが相当であると主張し，審査請求人は，各貸家の敷地ご
とに評価単位を分けるべきであると主張した。

裁決は，まず，財産評価基本通達は，宅地の評価について土地の
上に存する権利関係に着目して評価単位を分けるという考え方に立

っており，貸家建付地については，原則，貸家の棟ごとに分けて評価すると述べている。

そして，本件土地については，相続開始日における本件各貸家の入居状況は，北側貸家に1軒，南側貸家に2軒，それぞれ別世帯が入居しているが，本件相続から1か月後には，すべての貸間に入居者がいることが認められ，この事実からすると，本件各貸家は，棟ごとに別の者が借家権を有しており，本件土地についての権利関係は本件各貸家の敷地ごとに分かれているものと認めることができるから，当該敷地ごとに評価単位を分けて評価すべきであると判断している。

(2) 複数の貸家を一括して賃貸している場合

① サブリース契約と評価単位

上記の取扱いは，貸家が，戸建ての場合であっても，マンション・アパートの場合であっても同様である。貸家が数棟あるときには，各棟の敷地ごとに1画地の宅地とする。

さて，図表－7のように共同住宅を2棟所有しているケースにおいて，土地所有者甲が，建物2棟をX社へ賃貸し，X社が複数の借家人（入居者）へそれぞれ転貸していたらどうなるであろうか（転貸借のことを「サブリース」という。）。

棟ごとに別個の評価単位とするのは，それぞれ別々の借家人が有する権利関係が貸家の敷地ごとに分かれているためであり，貸家が

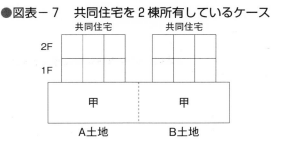

●図表－7　共同住宅を2棟所有しているケース

複数あっても借家人が同一の者であれば全体を一画地として評価することも考えられる*7。

② 争訟事例

　そこで，5棟の共同住宅をサブリースにより貸し付けている場合の評価単位が争われたのが平成26年4月25日裁決〔TAINS・F0－3－401〕である。

　評価対象となる本件土地の概要は以下のとおりである。

㈠　本件土地の上には，図表－8のとおり，北側道路に面して西側

●図表－8　宅地内の状況

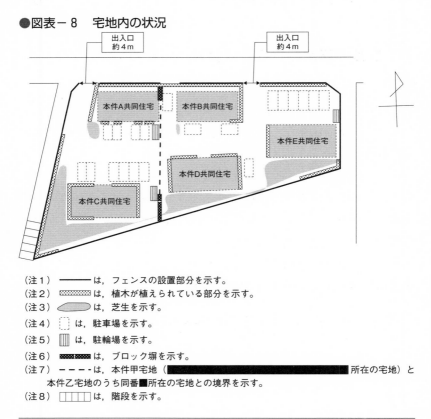

（注1）　────は，フェンスの設置部分を示す。
（注2）　▨▨▨は，植木が植えられている部分を示す。
（注3）　▱は，芝生を示す。
（注4）　⬚は，駐車場を示す。
（注5）　▥は，駐輪場を示す。
（注6）　▦▦は，ブロック塀を示す。
（注7）　----は，本件甲宅地（■■■■■■■■■■■■■■■■■■■所在の宅地）と本件乙宅地のうち同番■所在の宅地との境界を示す。
（注8）　▭▭▭は，階段を示す。

───────────

＊7　従来より，数棟の共同住宅が，サブリース契約によって一体評価となることで，広大地に該当する可能性がでてくるため，実務上関心の高い論点であった。

に本件A共同住宅，北側道路に面して中央に本件B共同住宅，本件A共同住宅の南側に本件C共同住宅，本件B共同住宅の南側に本件D共同住宅，北側道路と東側道路に面して本件E共同住宅があった（以下，これらを「本件各共同住宅」という。）。

㈑　本件土地のうち，本件A共同住宅及び本件C共同住宅の敷地（以下，あわせて「本件甲土地」という。）を相続人甲が，本件B共同住宅，本件D共同住宅，本件E共同住宅の敷地（以下，あわせて「本件乙土地」という。）を相続人乙が取得した。

㈁　相続税の期限内申告においては，本件甲土地（1,107.23㎡）及び本件乙土地（1,180.47㎡）について，いずれも広大地補正率が適用されている。

㈂　本件各共同住宅は，いずれも平成4年6月19日に新築されたものである。

㈃　本件各共同住宅は，相続開始日において，建物等一括賃貸借契約（以下「本件契約」といい，本件契約に係る契約書を「本件契約書」という。）により，被相続人からX社に対して賃貸されていた。

㈄　本件各共同住宅の間にはフェンス等は設けられていないが，本件A共同住宅と本件B共同住宅の間には高さが10cm程度のブロック塀が，本件C共同住宅と本件D共同住宅の間には高さが最大で40cm程度のブロック塀が，それぞれ設けられていた。

㈅　本件各共同住宅は，1棟ごとに登記されており，相互に連結した箇所はなかった。

次に，本件契約の内容については以下のとおりである。

㈨　本件契約は，X社が各共同住宅を被相続人より一括で借り受け，これを第三者（入居者）に転貸し，X社が入居者及び本件各共同住宅の各管理を行うものとする。

㈑　X社が被相続人に対して支払う月額賃料は，1,450,840円（注：住戸番号ごとに定められた月額賃料を棟ごとに合計して小

計額を算出し，当該小計額を合計した額である。）とする。

(ハ) 本件契約の解除をする場合，本件各共同住宅の全てについて賃貸借契約を解除しなければならない旨の定めはなく，賃料の額も住戸ごとの賃料の合計額であり，本件各共同住宅を一括して定められたものではない。契約期間中に本件契約を解除する場合，本件各共同住宅のうち解除する棟についてのみ，契約を解除することが可能であった。

本件土地の評価単位について，審査請求人は，被相続人がX社に対して同時期に各共同住宅を5棟一括で賃貸する建物一括賃貸借契約を締結しており，相続人甲が本件甲土地，相続人乙が本件乙土地を取得していることから，それぞれを2画地により評価すべきと主張した。

これに対し原処分庁は，本件各共同住宅の敷地ごとに5区画に区分し，それぞれ1画地の宅地として評価すべきと主張した。

裁決は，本件土地上に存するX社の敷地利用権の及ぶ範囲は，本件各共同住宅の敷地ごとに及んでいるものと認めるのが相当であり，本件各共同住宅の各敷地部分をそれぞれ1画地の宅地として，図表－9のとおり5区画に区分するのが相当と判断している[8]。

なお，裁決においては，契約書の以下の点が判断のポイントとなっている。

(イ) 本件契約は，本件契約書1通により，X社が，被相続人から5棟一括で借り受けたものである。

(ロ) しかしながら，本件契約における月額賃料の額は，住戸番号ごとに定められた月額賃料を棟ごとに合計して小計額を算出し，当該小計額を合計して算出した額である。

＊8　今回の事案は，契約における月額賃料が棟ごとに定められていたり，契約の解除にあたっては一括して解除しなければならない旨の定めがなかったことにより，棟ごとの別々の評価単位と認定されているが，契約における月額賃料が5棟まとめての額であったり，契約の解除にあたっては一括して解除しなければならない旨の定めがあった場合には一体として評価する余地も残されていると考えられる。

●図表－9　審判所が認定した評価単位

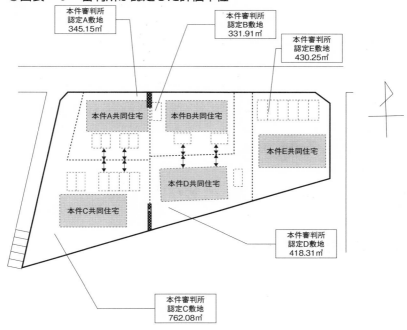

（注1）────は，本件各宅地の範囲を示す。
（注2）▯は，駐車場を示す。
（注3）▨は，ブロック塀を示す。
（注4）----------は，審判所が認定した本件各宅地の各敷地の境界を示す。
（注5）↕は，上の矢印間の距離と下の矢印間の距離とが同距離であることを示す。
（注6）▭は，階段を示す。

(ハ)　また，契約の解除に当たり，本件各共同住宅の全てについて一
　　括して賃貸借契約を解除しなければならない旨の定めはなく，賃
　　料の額も本件各共同住宅を一括して定められたものではないから，
　　一部の棟についてのみ契約を解除することが可能である。

(ニ)　そして，Ｘ社が被相続人より一括で借り受ける旨の賃貸借契約
　　を締結することとなったのは，本件各共同住宅の完成時期が全て
　　同時期であったために，被相続人より一括で借り受ける旨の賃貸
　　借契約を締結し，同契約が更新等を経て本件契約の締結に至った

ためである経緯からすると，本件契約の当事者である被相続人及びX社が，本件契約の締結時において，本件各共同住宅5棟を一括してでなければ絶対に契約を締結しないという意思を有していたとも考え難い。

㈥　以上を総合すると，本件契約は，本件契約書1通により本件各共同住宅5棟を一括して賃貸借契約が締結されたものではあるが，実態は，本件各共同住宅の棟ごとに締結された賃貸借契約書を1通の契約書としたにすぎないと認められる。

5　貸家建付地と使用貸借

(1)　使用貸借地の評価

①　取　扱　い

次に，土地を親族等に使用貸借で貸し付け，その親族（借地人）がマンション等を建築し，賃貸の用に供している場合について確認しておきたい。

前述のように土地の所有者が自ら家屋を建築して賃貸している場合，その家屋の賃借人（入居者）は，家屋所有者の敷地利用権の範囲内で土地の支配権を有しているものとされる。

また，土地の所有者はその範囲内において敷地の利用についての受忍義務を負うこととなり，その支配権を消滅させるには立退料の支払を要する場合もある。

したがって，財産評価基本通達では，このような制約を減価要因として取り扱い，貸家建付地として一定の減価を認めている。

一方，使用貸借により土地を貸し付けて，借地人が家屋を建築して賃貸の用に供している場合には，家屋所有者の敷地利用権は全て使用借権となる。このような場合の使用借権は，借地借家法による法的保護を受けられないなど経済的交換価値において借地権に比し

極めて弱いものであることから，その価額は零として取り扱われ，土地の価額は自用地となる（使用貸借通達１，３）。

　例えば，図表－10のようなケースである。

　(イ)　被相続人・甲は，Ａ土地及びＢ土地を所有している。

　(ロ)　甲は，Ａ土地上に居住用家屋を建てて自ら使用している。

　(ハ)　甲は，Ｂ土地を長男・乙へ無償で貸し付け，乙は，賃貸用の
　　　　２階建ての共同住宅（学生用の賃貸アパート）を建てて，６戸
　　　　の部屋をそれぞれ賃貸している。

　このように使用貸借により貸し付けられた土地の上に建物が建築され，その建物が第三者に賃貸されている場合の借家人の敷地利用権は，建物所有者（土地使用借権者）としての敷地利用権の範囲内において行使されるにすぎないものとなる。

　したがって，乙の使用借権は零と評価され，Ａ土地及びＢ土地の全体を自用地として１画地の宅地として評価する。評価単位はＡ–Ｂ–Ｃ–Ｄ–Ｅ–Ｆ–Ａ，間口はＡ–Ｂ–Ｃ又はＣ–Ｄとなる。

●図表－10　自用地と使用貸借

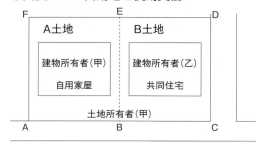

② 争 訟 事 例

　静岡地裁平成元年６月９日判決〔税務訴訟資料170号698頁〕は，子に無償で土地を貸し付け，子が建物を建てて賃貸の用に供している場合に貸家建付地として評価すべきか否かが争われた事例である。

　原告は，被相続人から評価対象地を無償で借り受けて建物を建築

し，この建物を第三者に貸し付けていた。

　土地の評価について，原告は，本件土地の建物を第三者が賃借している関係は，土地所有者自身が地上建物を所有しその建物を第三者に賃貸するいわゆる貸家建付地と変わらないので，本件土地を貸家建付地として評価するべきであると主張した。

　これに対し被告（税務署長）は，相続人が被相続人との間で借地権等の設定の事実がないので，本件土地の使用関係は使用貸借であると主張した。

　判決は，貸家建付地の場合は，敷地所有者と建物所有者が同一人なので，敷地所有者の借家人に対する明渡し請求には旧借家法1条の2に定める正当事由が必要となるのに対し，本件土地の場合は，被相続人は，地上建物の借家人に対し旧借家法の制限を受けずに土地の返還請求ができるものであるから，両者の法律関係が同様であるとはいえないとして本件土地の使用借権の価額を零とし，本件土地を自用地として評価することとしている。

(2)　使用貸借地でも貸家建付地となる場合

　さて，もともと父が貸家として賃貸していた家屋を，途中で父から子へ贈与したことにより使用貸借となったようなケースがある。このような場合，土地の使用貸借が開始される以前から同じ賃借人に賃貸しているのであれば，貸家建付地として評価することとされている。

　例えば，図表－10において，以下のようなケースである。

　(イ)　被相続人・甲は，A土地及びB土地を所有している。

　(ロ)　甲は，A土地上に居住用家屋を建てて自ら使用している。

　(ハ)　甲は，平成25年にB土地上に賃貸用の2階建ての共同住宅（学生用の賃貸アパート）を建て，6戸の部屋をそれぞれ賃貸している。

　(ニ)　甲は，平成27年に長男乙へ家屋の贈与を行った。それにより，

Ｂ土地を乙へ使用貸借により貸し付けることとなった。

㈥　平成30年に被相続人・甲が死亡した。入居者は全員平成27年贈与以前からの者である。

　ここでのポイントは，貸家の入居者が，全員，使用貸借となる前からその家屋にいた者ということである。

　このような場合，建物の賃貸借契約が甲と建物賃借人との間に締結されたものであり，建物賃借人は，土地所有権者の機能に属する土地の使用権を有していると解される。

　そして，賃貸されている建物の所有者に異動があり，新たな建物所有者の敷地利用権が使用貸借に基づくものであったとしても，それ以前に有していた建物賃借人の敷地利用権の機能には変動がないと考えられている。

　したがって，Ａ土地は自用地として，Ｂ土地は貸家建付地として，利用の単位が異なることから別個の評価単位となる。Ａ土地の評価単位はＡ–Ｂ–Ｅ–Ｆ–Ａ，間口はＡ–Ｂ となり，Ｂ土地の評価単位はＢ–Ｃ–Ｄ–Ｅ–Ｂ，間口はＢ–Ｃ 又は Ｃ–Ｄ となる。

⑶　自用地となる場合

　なお，もともと賃貸されていた貸家を贈与したことにより使用貸借となった場合であっても，土地の使用貸借が開始された時点の入居者と課税時期における入居者が異なる場合には自用地となることに留意が必要である。

　例えば，図表－10において，以下のようなケースである。

㈠　被相続人・甲は，Ａ土地及びＢ土地を所有している。

㈡　甲は，Ａ土地上に居住用家屋を建てて自ら使用している。

㈢　甲は，平成25年にＢ土地上に賃貸用の２階建ての共同住宅（学生用の賃貸アパート）を建て，６戸の部屋をそれぞれ賃貸している。

㈣　甲は，平成27年に長男乙へ家屋の贈与を行った。それにより，

Ｂ土地を乙へ使用貸借により貸し付けることとなった。
　㋭　平成30年に被相続人・甲が死亡した。入居者は平成27年贈与
　　のときより全員入れ替わっている。

　ここでのポイントは，貸家の入居者が，全員，使用貸借となった
後に入居した者ということである。

　このような場合には，家屋を贈与した日以降は，被相続人・甲が
所有していた土地に対応する家屋の敷地利用権は使用借権となるこ
とから，同日以降に新たに家屋の賃借人となった者の敷地利用権も
使用借権に基づくものということになる。

　したがって，Ａ土地及びＢ土地はいずれも自用地として，全体
を一体として評価する。評価単位はＡ-Ｂ-Ｃ-Ｄ-Ｅ-Ｆ-Ａ，間口はＡ-
Ｂ-Ｃ又はＣ-Ｄとなる。

⑷　貸家の所有者に異動があった場合の評価が争われた事例

　平成28年12月7日裁決〔国税不服審判所ホームページ〕は，貸家
の所有者に異動があり，使用貸借となった宅地の評価が争われた事
例である。

　評価対象地である本件5土地の概要は以下のとおりである。
　㋑　被相続人及び審査請求人Ｈは，平成13年に本件5土地及び
　　同土地上の家屋（共同住宅）を相続により取得した。持分割合
　　は，被相続人が100分の45，Ｈが100分の55である。
　㋺　家屋の居室は10室であり，それぞれ賃貸の用に供されていた。
　㋩　平成22年1月1日，Ｈは，被相続人が有する家屋の持分（100
　　分の45）を売買により取得した。
　㈡　Ｈは，被相続人に対して本件5土地の地代を支払っておらず，
　　本件5土地のうち上記売買により取得した持分に対応する部分
　　の土地を使用貸借により利用していた。
　㋭　平成24年11月○日，被相続人甲の相続が開始した。

(ヘ)　家屋の売買が行われた日よりも前に被相続人が賃借人と賃貸借契約を締結していた1室については，相続開始日に至るまで賃貸借契約が継続していた。

(ト)　残りの9室については，家屋の売買が行われた日以降に，Hとの間で，新たな賃貸借契約が締結されている。

そこで，本件5土地の評価において，審査請求人は，家屋は平成22年1月まで被相続人がその持分を有していたところ，当該家屋のうち同月以前に被相続人が賃貸し，相続開始日まで賃貸借契約が継続していた居室（1室）に対応する敷地部分は，貸家建付地として評価すべきであると主張した。

裁決は，本件5土地上の共同住宅の10室のうち9室に係る賃貸借契約は，平成22年1月1日以降に新たに賃借人となった者との間で締結された一方，残りの1室に係る賃貸借契約は，被相続人が平成22年1月1日より前に締結したものが相続開始日に至るまで継続しており，当該1室の敷地利用権に対応する土地については，貸家建付地として取り扱うのが相当と判断している。

●図表－11　物件の所有状況（イメージ）

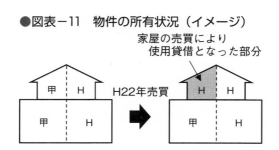

(5)　複数の貸家がある場合

さて，所有する土地の上に貸家が数棟あるときには，それぞれ各棟の敷地ごとに1画地とすることは前述のとおりであるが，その貸家が使用貸借地上にあったらどうであろうか。

例えば，次の図表－12のようなケースである。

㈠　被相続人・甲は，Ａ土地とＢ土地を所有している。

㈡　甲は，Ａ土地及びＢ土地を長男・乙へ無償で貸し付けている。

㈢　乙は，Ａ土地及びＢ土地上にそれぞれ賃貸用の２階建ての共同住宅を建てて，それぞれ賃貸している。

　このような場合には，Ａ土地及びＢ土地はいずれも使用貸借として自用地となることから，たとえ土地上の家屋が第三者へ賃貸がされていたとしても，全体を自用地として１画地の宅地として評価することに注意が必要である。

　なお，ここでも，家屋が贈与されたために使用貸借となった場合，使用貸借となる日以前からの入居者については貸家建付地としての評価が行われる。

　例えば，図表－12の場合において，Ａ土地の共同住宅には使用貸借となる日以前からの入居者がいることから貸家建付地評価が行われ，Ｂ土地の共同住宅はすべて使用貸借となった後に契約した入居

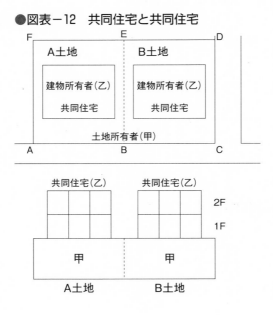

●図表－12　共同住宅と共同住宅

者である場合は自用地となり，別々の評価単位となることがある。

(6) 小　　括

これらの取扱いを時系列にまとめると，以下のとおりである。

まず，土地を使用貸借により貸し付けた後に，借地人がマンション等を建築し，賃貸借を開始した場合には，その土地は使用貸借（自用地）となる（図表－13）。

次に，土地の所有者がもともと貸家を所有しており，その貸家を親族等に贈与や売買をしたことにより使用貸借となった場合，評価時点における入居者が，使用貸借となる以前からの入居者である場合には，貸家建付地となる（図表－14）。

なお，土地の所有者がもともと貸家を所有しており，その貸家を親族等に贈与や売買をしたことにより使用貸借となった場合であっても，評価時点における入居者が，使用貸借となった後の入居者である場合には，自用地となる（図表－15）。

このように，実務上，使用貸借地の評価に当たっては，評価対象地が親族等に使用貸借で貸し付けられていることのみをもって自用地と判断することではなく，それはどのような経緯で使用貸借とな

●図表－13　土地を使用貸借した後にアパートを建築した場合

●図表－14　貸家を贈与し，使用貸借となった場合(1)

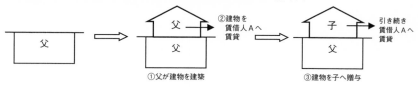

●図表-15 貸家を贈与し，使用貸借となった場合(2)

①父が建物を建築　②賃借人Aへ賃貸　③建物を子へ贈与　④賃借人の変更 賃借人Aとの契約終了 賃借人Bと新契約

ったのか，また，各入居者とはいつから賃貸借契約を締結しているのかを確認しなければならない。この論点は，地積規模の大きな宅地及び旧広大地の適用の有無に関わるものであるため影響の大きな論点である。

6 マンション等に隣接する駐車場の評価単位

　最後に，賃貸しているマンション等に入居者用の駐車場を備えている場合に，その駐車場（雑種地）と建物の敷地（宅地）を別の評価単位とするのか一体とするのか，また，自用地とするのか貸家建付地とするのかといった論点を確認しておきたい。

(1) 駐車場の評価単位

　まず，駐車場は，雑種地となることから，建物の敷地（宅地）部分とは別の評価単位となることが考えられる。

　ただし，地目の原則にあったように，宅地とは「建物の敷地及びその維持若しくは効用を果たすために必要な土地」をいい，ここにいう「維持若しくは効用を果たすために必要な土地」には，建物の敷地に接続し，建物若しくはその敷地に便益を与え，又はその効用に必要な土地が含まれる。入居者専用の駐車場は，原則として，「建物の敷地及びその維持若しくは効用を果たすために必要な土地」に該当することから，宅地として一体評価を行うこととなる。

　また，貸駐車場は，自動車を保管することを目的とする契約であ

り，土地の利用そのものを目的とした賃貸借契約とは本質的に異なる契約関係であることから自用地として評価することが考えられるが，賃貸マンションや賃貸ビルと隣接している駐車場で，その契約者及び利用者がすべてその貸家の賃借人であるなど，契約上も，利用状況の上でも貸家の目的に供されている宅地と駐車場とが一体である場合に限り，全体を貸家建付地として評価して差し支えないものとされている*¹。

なお，「その利用者がすべてその貸家の賃借人である」とされていることから，駐車場の一部を近隣住民など外部利用者に賃貸しているような場合には，原則に立ち返って，駐車場全体について貸家建付地評価が認められず，また，評価単位も別となることに留意が必要である。

(2) 建物敷地と駐車場を一体とするケース

① ケーススタディ

マンションとその入居者専用の駐車場は，原則として，一体評価を行い，貸家建付地として評価する。例えば，次の図表－16のようなケースである。

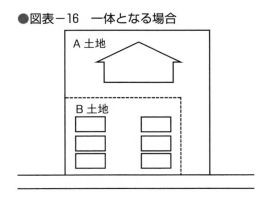

●図表－16 一体となる場合

A 土地

B 土地

---

*1 平成 8 年 6 月13日裁決〔裁決事例集51巻575頁〕，飯田隆一編『土地評価の実務（令和 2 年版）』（大蔵財務協会，2018年）342頁

(イ)　被相続人・甲は，A土地とB土地を所有している。

(ロ)　甲は，A土地上に賃貸用の2階建ての共同住宅を建て，6戸の部屋をそれぞれ賃貸している。

(ハ)　甲は，B土地を共同住宅の入居者専用駐車場として賃貸している。

　このような場合には，A土地及びB土地の全体を貸家建付地として一体評価する。

② 　争 訟 事 例

　京都地裁平成24年2月29日判決〔税務訴訟資料262号順号11898〕は，隣接する駐車場と建物の敷地について，評価単位を一体とした事例である。

　評価対象地である本件土地の概要は，以下のとおりである。

(イ)　本件土地上には，建物（本件居宅）及びその附属建物（本件倉庫），Aマンション（以下「本件共同住宅」という。）及び建物（本件物置），本件南側駐車場が存在した。これらの位置関係は図表－17のとおりである。

(ロ)　共同住宅の北側には駐車場があった（以下「本件北側駐車場」という。）。

(ハ)　本件北側駐車場の地積は782.80㎡であり，それに隣接する共同住宅の敷地の地積は717.54㎡である。

(ニ)　共同住宅の北側には，北側駐車場に直接出入りすることができる扉が存在する。

(ホ)　共同住宅の居室数は15室であり，13室には入居者がいる。

(ヘ)　北側駐車場には26台分の駐車スペースがある。

(ト)　共同住宅の入居者のすべての者が北側駐車場の利用契約を締結しており，13台分が貸し付けられている。

(チ)　共同住宅の入居者以外には，北側駐車場の利用契約者はいない。

(リ)　北側駐車場の入口には，「Aマンション専用駐車場」と記載

●図表－17　土地上の建物及びその附属建物等の位置関係

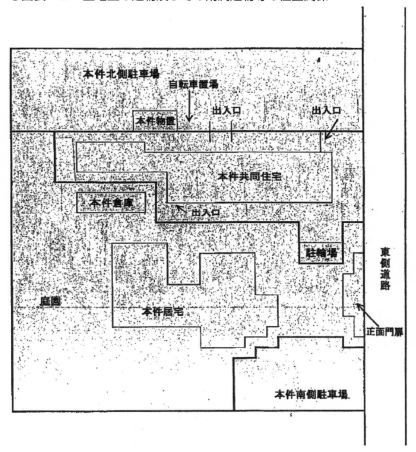

　　された看板が掲げられている。

　　共同住宅と北側駐車場の評価単位について，被告税務署長は，共
同住宅敷地と北側駐車場は一体として利用されているとはいえない
と主張した。

　　これに対し，原告は，北側駐車場の契約者及び利用者はすべて共
同住宅の賃借人であり，北側駐車場は共同住宅の敷地内にあるので
あるから，一体として評価すべきであり，かつ，広大地にあたると

主張した。

　判決は，北側駐車場は共同住宅の入居者の専用駐車場であると評価できること，共同住宅で生活するにあたって自動車は非常に有用な移動手段であること，共同住宅と北側敷地は隣接しており両土地を直接接続する出入口が存することが認められるのであるから，共同住宅敷地と北側駐車場は一体として利用されていたものということができると判示している。

　なお，広大地の適用については，共同住宅敷地はもとより北側駐車場も今後その区画変更などの開発行為がされることは見込まれないから，既に開発を了しているマンション敷地であるといえ，広大地には該当しないと認定されている。

(3)　駐車場を別評価するケース

① 　ケーススタディ

　マンション等に隣接する駐車場において，駐車場を入居者以外の近隣住人（外部者）に賃貸しているような場合には，原則として，駐車場と建物の敷地は別の評価単位となる。

　例えば，図表−18のようなケースである。

　(イ)　被相続人・甲は，A土地とB土地を所有している。

●図表−18　別評価となる場合

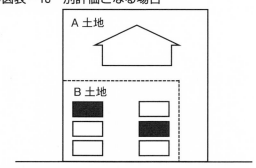

　　※　　■■■　部分は貸家の入居者以外へ貸している部分。

㈻　甲は，Ａ土地上に賃貸用の２階建ての共同住宅を建て，６戸
　の部屋をそれぞれ賃貸している。

㈻　甲は，Ｂ土地をもともと共同住宅の入居者専用駐車場として
　賃貸していたが，空きがでてきたため，一部を近隣の法人の従
　業員用として賃貸している。

　このような場合には，原則として，Ａ土地は貸家建付地として，
Ｂ土地は自用地として，別個の評価単位となる。

②　争　訟　事　例

　平成８年６月13日裁決〔裁決事例集51巻575頁〕は，隣接する駐
車場と建物の敷地について，別々の評価単位とした事例である。

　評価対象地である本件土地の概要は，以下のとおりである。

●図表－19　参　考　図

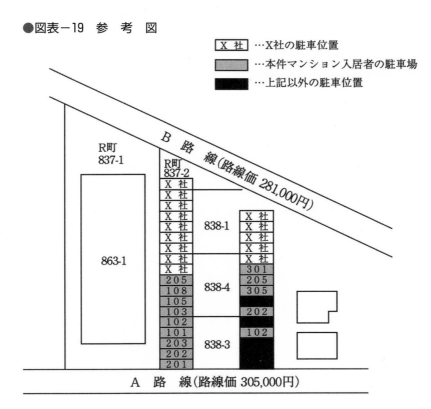

㋑　本件土地は図表－19のうちＲ町837－2，838－1，838－4，838－3部分であり，Ａ路線及びＢ路線の2路線に面している。

㋺　本件土地の地目は雑種地であり，地積は607.00㎡である。

㋩　本件土地は，いわゆる青空駐車場として，33台分の駐車スペースが確保されている。

㊁　33台の駐車スペースのうち14台分はＸ社へ駐車場として賃貸されている。

㋭　入居者用の駐車スペースと入居者用以外の駐車スペースとの境にフェンス等による区分はされていない。

㋬　マンションの戸数は20戸であり，相続開始日現在には満室となっていた。

㋬　マンション敷地内には，入居者の駐車場として10台分の駐車スペースが確保され，8台分が利用されていた。

㋠　マンション入居者との賃貸借契約書においては，マンションの所在地，構造，専有面積，名称，間取り及び室番号が明記されているが，駐車位置又は駐車場No.について明記されておらず，住居賃貸料と駐車料は別に定められており，駐車料金は1台当たり月額5,000円とされている。

　マンションの敷地と本件土地の評価単位について，審査請求人は，本件土地のうち入居者用の部分については，マンションの敷地と一体として，貸家建付地としての評価をすべきであると主張した。

　これに対し，原処分庁は，本件土地は，貸駐車場としてマンションの入居者以外の者にも賃貸している状態であり，マンションと不可分の状態にあるとは認められないことから自用地として別の評価単位となると主張した。

　裁決は，以下の理由により，本件土地のうち入居者用の部分について，貸家建付地としてマンションの敷地と一体評価すべきである旨の請求人らの主張は採用することができないと判断している。

㋑　隣接するマンションの敷地との境をフェンスによって区分し，

駐車場内は入居者用の部分と入居者用以外の部分との間に境を
　　設置することなく33台分の駐車場として整備されていること。
㈹　本件土地のうち１台分は未利用，18台分はマンションの入居
　　者以外の者が利用し，残り14台分はマンションの入居者が利用
　　していることから，全体がマンションの入居者のみに係る駐車
　　場とは認められないこと。
㈺　マンション入居者の20世帯の駐車場の利用状況については，
　　(a)入居者の２名は本件土地及びマンションの敷地内の駐車場を
　　利用していないこと，(b)マンションの敷地内の駐車場は10台分
　　利用できるところ，８台分を本件マンションの入居者が利用し
　　ていること，(c)マンションの入居者４名はそれぞれに２台分を
　　利用し，計８台分について本件土地及びマンションの敷地内の
　　駐車場を利用していることからすると，マンションの入居者が
　　駐車場の使用を希望する時に，マンションの敷地内の駐車場で
　　満たされない場合に，本件土地を補充的に希望する入居者の駐
　　車場として利用する便宜を与えていたにすぎないものであるこ
　　と。
㈼　マンションの入居者の契約関係においても，居住賃貸料と駐
　　車場の使用料が明確に区分されており，本件土地の利用が本件
　　マンションの賃貸と一体の状態にあるとは認められないこと。

⑷　小　　　　括

　マンション等の敷地とその駐車場の評価単位については，一体評
価を行うことで地積規模の大きな宅地に該当することとなったり，
貸家建付地とすることで一定の減価が行われたりするため重要なポ
イントである。
　この場合，駐車場の利用者がすべて貸家の入居者であるなど，契
約上も，利用状況の上でも貸家の目的に供されている宅地と駐車場
とが一体であることが要件とされている。

具体的には，賃貸借契約書において貸家と駐車場に一体性がある
か否か，フェンスや塀で区切られているか否かなどのポイントがあ
るが，最も重要な点は，駐車場の利用者がすべて貸家の入居者かど
うかという点である。
　評価担当者は，貸家及び駐車場の評価にあたって，駐車場利用者
の確認を行うとともに，建物賃貸借契約書を確認したり，現地での
利用状況を確認するなどして評価単位の判断を行う必要がある。

第8章
農地の評価単位

1 農地の評価単位

(1) 農地の評価単位

第7章までは宅地の評価単位を確認してきたが，本章では農地の評価単位を確認しておきたい。

まずは財産評価基本通達7（土地の評価上の区分）に立ち返ることとなる。評価通達7では，原則として，土地を宅地，田，畑，山林，原野，牧場，池沼，鉱泉地及び雑種地という地目の別に評価することとしている。

そして，同7－2（評価単位）において，田及び畑（以下，「農地」という。）のうち，純農地及び中間農地は「1枚の農地」を評価単位とし，市街地周辺農地及び市街地農地（以下，「市街地農地等」という。）は，利用の単位となっている「一団の農地」を評価単位とすることとされている。

(2) 農地の分類

そこで，まずは農地の分類を行う必要がある。相続税及び贈与税の土地評価においては，農地を(イ)純農地，(ロ)中間農地，(ハ)市街地周辺農地，(ニ)市街地農地の四つに区分する（評価通達34）。

これは，農地が農地法や都市計画法といった法律が定める利用の制限により，地価の事情が異なってくるからである*1。

実務上，これらの区分は，各国税局が公表している「路線価図」や「倍率表」によって判定することができる。評価する土地の所在

＊1　地域の利便性やインフラの整備状況などにより，地価は，市街地農地が最も高く，次いで市街地周辺農地，中間農地となり，純農地が最も安価となる。市街地農地は，宅地としても利用ができるため価格は宅地並みに高くなるが，純農地は，農地としての利用に制限されるため価格は低くなる。

●図表－1　倍率表

市区町村名：○○○町　　　　　　　　　　　　　　　　　　○○○税務署

音順	町 (丁目) 又は大字名	適　用　地　域　名	借地権割合	固定資産税評価額に乗ずる倍率等						
				宅地	田	畑	山林	原野	牧場	池沼
			％	倍	倍	倍	倍	倍	倍	倍
ね	根小屋	上記以外の地域	40	1.1	中 90	中 113	純 48	純 48		
ま	又野	農業振興地域内の農用地区域			純 34	純 54				

略称	農地の分類
純	純農地
中	中間農地
周比準	市街地周辺農地
比準	市街地農地

地域ごとに，純農地，中間農地，市街地周辺農地，市街地農地のいずれに該当するのかがわかるようになっている。

　例えば，図表－1のうち，「純」，「中」と表示してある地域は，純農地，中間農地であり，純粋な農地として評価する地域となる。また，「比準」，「周比準」と表示してある地域は，市街地農地，市街地周辺農地であり，付近の宅地に比準して評価する地域となる。

2　純農地及び中間農地

(1)　評　価　単　位

　純農地及び中間農地は，1枚の農地を評価単位とし，1枚の農地とは「耕作の単位」となっている1区画の農地をいう。

　例えば，図表－2の隣接する農地において，A土地は用水を利用して耕作する「田」であり，B土地は用水を利用しないで耕作する「畑」として利用されている。

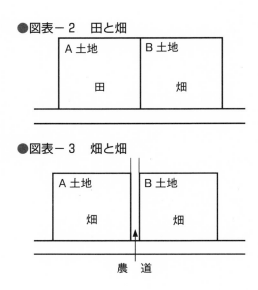

●図表－2　田と畑

A 土地
田

B 土地
畑

●図表－3　畑と畑

A 土地
畑

B 土地
畑

農　道

　この場合は，それぞれの地目が異なることから別の評価単位とされる。

　また，図表－3のA土地及びB土地は，いずれも用水を利用しないで耕作する「畑」として利用されているが，農道による区分がなされており，耕作の単位が異なる場合も別の評価単位となる。

(2)　評価の方式

　純農地及び中間農地の評価は，その農地の固定資産税評価額に，国税局長の定める倍率を乗じて計算する倍率方式を採用している。

　その固定資産税評価額を求める上での評価の単位は，土地課税台帳又は土地補充課税台帳に登録されている1筆となる（固定資産評価基準1章2節）。

　これに対し，相続税・贈与税における純農地及び中間農地は，「耕作の単位」となっている1区画を評価単位とする。

　したがって，評価単位は，必ずしも1筆からなるものとは限らず，2筆以上からなる場合もあり，また，1筆の農地が2画地以上の農

地として利用される場合もある。

　このとき，２筆の農地をそれぞれ別に評価した場合と一体として評価した場合とでは，道路付けや地型が変わることから，固定資産税評価額も異なってくる。そのため，理論上，数筆の土地によって形成されている１枚の農地の固定資産税評価額のうちにその一画地の農地の現況に対応しないものがある場合には，当該固定資産税評価額を適正に評価し直した価額に倍率を適用して評価する必要がある。

　ただし，実務上は，そのようなケースにあっても簡便性を重視し，土地課税台帳及び土地補充課税台帳に登録された１筆を相続税及び贈与税の評価単位として準用することが一般的である。

3　市街地農地等

(1)　評 価 単 位

　市街地農地等の評価単位は，それぞれ利用の単位となっている「一団の農地」によって評価する。

　それは，市街地にある農地は，宅地化が進展している地域に介在し，将来的に宅地化の可能性が高いことから，その取引価額も宅地の価額の影響を強く受け，宅地としての利用単位を基に形成されるからである。

　例えば，図表－４のような市街地農地等について，１枚又は１筆ごとに評価することとすると，宅地の効用を果たさない規模や形状で評価することとなり，隣接する宅地と同じような規模及び形状であるにもかかわらず，価額が異なることとなってしまう。

　したがって，市街地農地等については，上段の図では，６枚の農地をA–B–C–D–Aの一団の農地として評価し，下段の図では４筆の山林を１画地として評価するといったように１枚又は１筆とい

●図表－4　一団の農地

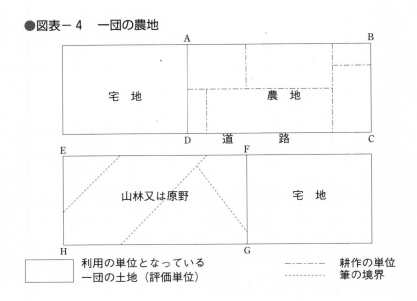

った評価単位ではなく，宅地としての効用を果たす規模や形状等の
観点から，利用の単位となっている一団の農地を評価単位とする[2]。

(2)　「利用の単位」とは

　なお，その「利用の単位」とは，宅地と同様，その土地を取得し
た者が，使用収益，処分をすることができる利用単位ないし処分単
位をいう。その土地を自用地として使用している限り，他から制約
を受けることがないので，それを1利用単位とし，その土地を他人
に賃貸している場合には，賃貸借契約に基づく制約を受けることと
なるため，その借主の異なるごとに1利用単位とする。
　具体的には，次のように判定する[3]。
①　所有している農地を自ら使用している場合には，耕作の単位に
　かかわらず，その全体をその利用の単位となっている一団の農地

＊2　国税庁質疑応答事例「土地の評価単位――市街地農地等」
＊3　国税庁質疑応答事例「市街地農地等の評価単位」

とする。

② 所有している農地を自ら使用している場合において，その一部が生産緑地である場合には，生産緑地とそれ以外の部分をそれぞれ利用の単位となっている一団の農地とする。

③ 所有する農地の一部について，永小作権又は耕作権を設定させ，他の部分を自ら使用している場合には，永小作権又は耕作権が設定されている部分と自ら使用している部分をそれぞれ利用の単位となっている一団の農地とする。

④ 所有する農地を区分して複数の者に対して永小作権又は耕作権を設定させている場合には，同一人に貸し付けられている部分ごとに利用の単位となっている一団の農地とする。

4 ケーススタディ

(1) 自用地と自用地

所有する農地を自ら使用している場合には，耕作の単位にかかわらず，全体をその利用の単位となっている一団の農地とする。

例えば，次の図表－5のようなケースである。

㋑ 被相続人・甲は，A土地及びB土地を所有している。

㋺ いずれも市街化区域に所在する。

㋩ 甲は，A土地を自ら耕作の用に供している。

●図表－5 市街地農地等

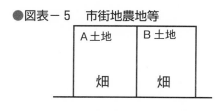

㈡　甲は，Ｂ土地も自ら耕作の用に供しＡ土地とは異なる農作物の栽培を行っている。

　このような場合には，Ａ土地及びＢ土地の全体を１画地の農地として評価する。

(2)　生 産 緑 地

① 　取　扱　い

　所有している農地を自ら使用している場合において，その一部が生産緑地*4である場合には，生産緑地とそれ以外の部分をそれぞれ利用の単位となっている一団の農地とする。

　生産緑地には，農地として管理しなければならないという制約があることから，市街地農地と隣接しているような場合であっても，それぞれを別の評価単位とする。

　例えば，図表－６のようなケースである。

㈑　被相続人・甲は，Ａ土地及びＢ土地を所有している。

㈁　Ａ土地は耕作の用に供されており，生産緑地に指定されている。

㈜　Ｂ土地は耕作の用に供されているが，生産緑地には指定されていない。

　このような場合には，Ａ土地は生産緑地，Ｂ土地は非生産緑地として利用の単位が異なることから，それぞれを別個の評価単位とする。

　これは，生産緑地又は非生産緑地の一方が道路に接しないことと

---

*4　生産緑地とは，市街化区域において農地として保全するものをいい，生産緑地に指定されると，建築物の新築，宅地造成などを行いたい場合には，市町村長の許可を受けなければならない。ただし，この許可は，（農産物の生産集荷施設や市民農園に係る施設等を設置する場合以外は）原則として下りないこととされている（生産緑地法８）。
　生産緑地についてはこのような制限がある一方，固定資産税が宅地並み課税ではなく農地としての課税となるため軽減される。
　なお，生産緑地の指定の告示の日から30年を経過したとき，または，その告示後に農林漁業の主たる従事者が死亡した場合などには，市町村長に対してその生産緑地を時価で買い取るべき旨を申し出ることができる。

●図表－6　生産緑地と非生産緑地

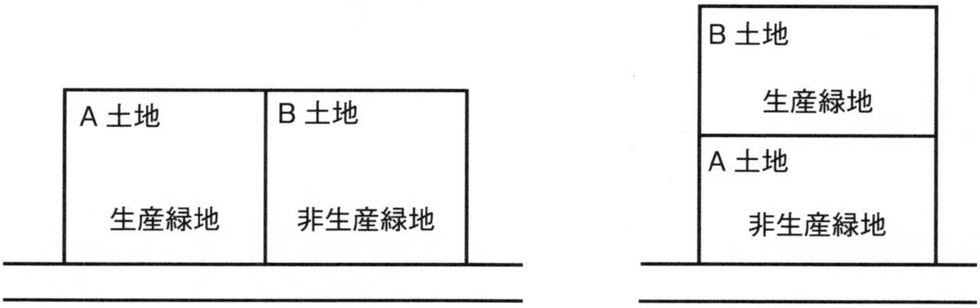

A土地 生産緑地	B土地 非生産緑地

B土地 生産緑地
A土地 非生産緑地

●図表－7　生産緑地と生産緑地

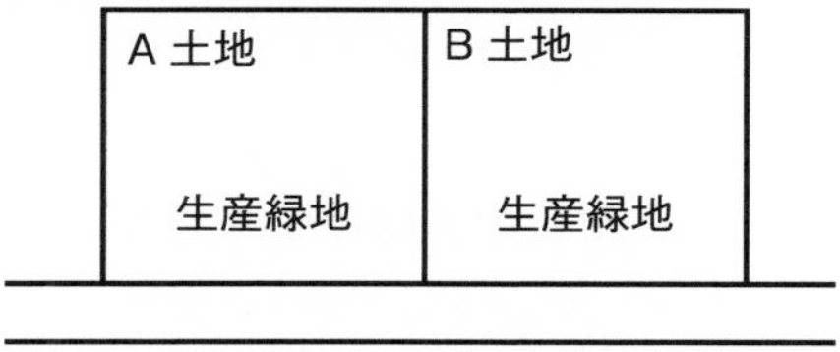

A土地 生産緑地	B土地 生産緑地

なった場合でも同様である（図表－6右図）。

　なお，生産緑地と生産緑地が隣接するケースにおいては，その全体を1画地の農地として評価する（図表－7）。

② 争 訟 事 例

　生産緑地はなぜ別の評価単位とするのか，平成24年1月27日裁決〔TAINS F 0－3－338〕において以下のように述べられている。

　本件は，生産緑地（A土地）と市街地農地（B土地）が隣接する場合においては，別々の評価単位とするのが相当とされた事例である。

　本件各土地の概要は以下の通りである。

(イ)　本件A土地は，畑として利用されており，生産緑地に指定されている。地積は1,071.64㎡であり，その北側において建築基準法に規定する道路（以下「2項道路」という。）に面している。

(ロ)　本件B土地は，畑として利用されている。地積は714㎡であり，その北側において2項道路に面している。

　評価単位について，審査請求人は，本件A土地は被相続人の死

亡により買取りの申出が可能な生産緑地となり，本件Ｂ土地と同じ利用制限のない農地になったこと，現に，本件Ａ土地及び本件Ｂ土地はともに畑として一体利用していることから，本件Ａ土地及び本件Ｂ土地を別個に評価すべき理由はないと主張した。

これに対し原処分庁は，本件Ａ土地の行為制限が解除されたのは，相続開始日後であり，相続税法に規定する時価は相続開始日の価額であることから請求人の主張はその前提において誤っていると主張した。

裁決は，相続財産の時価は，当該相続により財産を取得した日の現況に応じてこれを判断することとなるから，本件Ａ土地についても，相続の開始時点での現況を基準としてこれを判断することが必要となるところ，本件Ａ土地は，相続開始日においては生産緑地であり，被相続人の死亡により買取りの申出ができることになったとしても，所要の手続や相当の期間を経なければ生産緑地としての行為制限が解除されない土地であって，相続開始日において行為制限があった本件Ａ土地と，行為制限のない本件Ｂ土地を一体で評価することはできないと判断している。

(3)　自用地と貸農地

所有する農地の一部について，小作人（借地人）に永小作権又は耕作権を設定して賃貸し，他の部分を自ら使用している場合には，永小作権又は耕作権が設定されている部分と自ら使用している部分をそれぞれ別の利用の単位となっている一団の農地とする*5。

例えば，図表－8のようなケースである。

(イ)　被相続人・甲は，Ａ土地及びＢ土地を所有している。

(ロ)　甲は，Ａ土地を自ら耕作の用に供している。

(ハ)　甲は，Ｂ土地を小作人乙に賃貸し，乙は小作料を支払って耕作している。

(ニ)　乙の賃貸借については農地法の手続きを経ている。

●図表－8　自用地と貸農地

A 土地	B 土地
自用地	貸農地 （耕作権）

●図表－9　自用地とやみ小作

A 土地	B 土地
自用地	貸農地 （やみ小作）

　このような場合，自ら使用している部分と耕作権が設定されている部分をそれぞれ利用の単位となっている一団の農地として別評価する。

　なお，農地法の保護を受けない，いわゆるやみ小作といった貸借については自用地として評価するため，図表－9のA土地及びB

＊5　農地は，農地法の定めにより，地目変更や売買，貸し借りを行うことが自由にできない。農地を貸し借りする際には，原則として，農業委員会の許可が必要となる。

　　農地の賃貸借は，小作人（借地人）が農地所有者と小作契約を結び，小作料を支払って農地を耕作する。この際に小作人に帰属する権利を耕作権という。

　　耕作権の設定がなされると，賃料の不払いや耕作放棄などの事由がない限り，契約更新を拒否することができないなど小作人に対する権利保護が発生する。

　　また，賃貸借契約の解約を行う際にも，原則として，都道府県知事の許可が必要となり（いわゆる「農地法の法定更新」），農地所有者から小作人に離作料が発生することがある（離作料は耕作できなくなったことに対する損失の補償の意味合いが強いが，離作料についての法律の規定はなく，地域の慣習によって支払いが行われている）。

　　したがって，実際には，耕作権が発生すると，小作人の権利保護が強くなり，離作料も発生するため，農地法上の保護を受けない，いわゆるヤミ小作として農地を賃貸借する場合が多いのが現状である。

　　耕作権，永小作権，ヤミ小作は，宅地でいう借地権，地上権，使用貸借のようなイメージである。

土地においては一体として評価を行うこととなる*⁶。

(4) 貸農地と貸農地

　所有する農地を区分して複数の者に対して永小作権又は耕作権を設定させている場合には，同一人に貸し付けられている部分ごとに利用の単位となっている一団の農地とする。

　例えば，図表－10のようなケースである。

(イ)　被相続人・甲は，A土地及びB土地を所有している。

(ロ)　甲は，A土地を小作人乙に賃貸し，乙は小作料を支払って耕作している。

(ハ)　甲は，B土地を小作人丙に賃貸し，丙は小作料を支払って耕作している。

(ニ)　乙及び丙との賃貸借についてはいずれも農地法の許可を受けている。

　このような場合，A土地及びB土地には，ともに他人の権利（耕作権）が存し，いずれも貸農地として利用されているが，耕作権者が異なっていることから，それぞれを別個の評価単位とする。

　なお，いずれも農地法の保護を受けない，いわゆるやみ小作といった貸借である場合は自用地として評価するため，図表－11のA

●図表－10　貸農地と貸農地

A土地	B土地
貸農地 （乙小作人）	貸農地 （丙小作人）

---

*6　国税庁質疑応答事例「農地法の許可を受けないで他人に耕作させている農地の評価」
　　農地に賃借権等の権利を設定するためには，農地法第3条の定めるところにより，原則として農業委員会の許可を受けなければならないため，いわゆるやみ小作については耕作権を認めることはできないとされている。

●図表－11　やみ小作とやみ小作

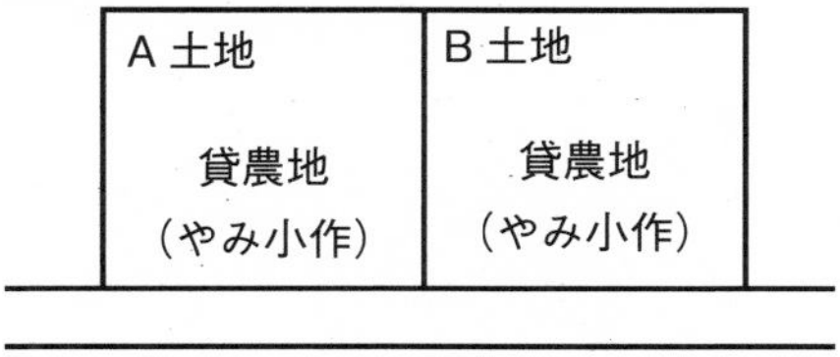

A 土地	B 土地
貸農地 （やみ小作）	貸農地 （やみ小作）

土地及びB土地は一体として評価を行うこととなる。

5　地目別評価の例外

(1)　地目の異なる土地を一団として評価する場合

　市街地農地等においては，財産評価基本通達7のなお書きの適用がある（38頁参照）。

　つまり，土地の評価単位は，原則として，地目別に行うが，市街地的形態を形成する地域（主として市街化区域）において，市街地農地，市街地山林，市街地原野または宅地と状況が類似する雑種地のいずれか2以上の地目が隣接しており，その形状，地積の大小，位置等からみてこれらを一団として評価することが合理的と認められる場合には，その一団の土地ごとに評価する。

　例えば，宅地に比準して評価する市街地農地，市街地山林，市街地原野，宅地と状況が類似する雑種地を一団の土地として評価する場合とは，図表－12のようなケースをいう。

　このような土地について，地目別に評価を行うと，宅地の効用を果たさない規模や形状で評価することとなり，標準的宅地と同じような規模及び形状であるにもかかわらず，価額が異なることとなるため一団の土地を評価単位とする。

(2)　生産緑地がある場合

●図表－12　一団の土地

●図表－13　生産緑地

　ただし，上記のような，市街地農地等のいずれか2以上の地目が隣接しており，その形状，地積の大小，位置等からみてこれらを一団として評価することが合理的と認められる場合であっても，いずれか一方が生産緑地である場合にはなお書きの適用はなく，一体として評価することはできないとされている＊7。

　したがって，図表－13のようなケースにおいては，それぞれ別の評価単位となる。

6　地目の判定

　相続税・贈与税における地目は，相続開始時点の「現況」による（評価通達7）。

　例えば，登記地目が畑であっても，現況が山林であれば山林としての評価を行い，登記地目が雑種地であっても現況が田畑であれば農地として評価を行う。

＊7　平成24年1月27日裁決〔TAINS F0－3－338〕

例）市街化調整区域内，地積892㎡の土地の各地目としての評価額は以下の通り。

地　　目	1 ㎡当たりの近傍単価	固定資産税評価額	評価倍率	相続税評価額
畑	@68円	60,656円	49	2,972,144円
山林	@32円	28,544円	34	970,496円
原野	@36円	32,112円	34	1,091,808円

　この場合，地目によって地価が大きく異なることに注意が必要である。

　図表−14のような市街化調整区域内の土地について，畑として評価をすると297万2,144円となるが,山林として評価をすると97万496円となり，評価額で200万1,648円の差がでてくる。

　雑種地であれば宅地並みの評価となり，1 ㎡当たりの近傍宅地単価が 3 万6,000円とすると土地の評価額は1,760万円〜2,472万円などとなる*8。

　同じ土地であっても地目の違いにより相続税の課税価格及び税額に大きな影響を与えることとなる。

7　青地が存する農地の評価

　宅地の評価において，建物の敷地に赤道（里道）が存する場合，その赤道を含めて一体利用しているような場合においては 1 画地として評価し，赤道を国等から払下げを受ける場合の費用相当額を控除して評価する（86頁参照）。

　この場合の控除すべき赤道の払下げに要する金額については，次の算式により求めた金額として差し支えないものとされている。

＊8　近傍宅地36,000円×評価倍率1.1×補正率1.00×地積892㎡×50〜70％＝相続税評価額1,766万円〜2,472万円
　　市街化調整区域内にある雑種地は，開発行為の可否や建築制限，位置等によって個別にしんしゃく割合が異なる（国税庁質疑応答事例「市街化調整区域内にある雑種地の評価」）

（算式）

$$\begin{array}{c}1\,m^2当たりの\\当該宅地の\\相続税評価額\end{array} \times (1-借地権割合) \times 受給修正率(0.5) \times \begin{array}{c}当該宅地\\に存する\\赤道の面積\end{array}$$

　市街地農地等においても，所有する農地と農地の間に青地（旧水路，青道ともいう）が介在するケースがある。

　この青地が介在する農地の評価単位が争われた事例が東京地裁平成30年11月30日判決〔税務訴訟資料268号順号13216〕である。

　本件各土地の概要は以下のとおりである。

(イ)　図表－15の順号4，5及び7の各土地（畑）は農地として利用され，順号6の土地（宅地）は道路沿いの未利用地であった。

(ロ)　順号4及び5は，それぞれ生産緑地である。

(ハ)　順号4及び5の間には，市が所有する水路，いわゆる青地27.89㎡が介在していた。

(ニ)　青地を含む順号4及び5の合計地積は3,683.95㎡である。

　順号4及び5の各土地の評価単位について，被告税務署長は，青地により分断されていることから，それぞれ区分して評価することとなると主張した。

　一方，原告（納税者）は，水路は全て埋め立てられており，従前から畑の一部として利用され，相続開始日現在においても分断されずに，全てが麦畑として耕作されていたことから，当該各土地の利用の単位は区分されないと主張した。

　本件の審査請求である平成28年12月7日裁決〔国税不服審判所ホームページ〕は，①当該青地は全て埋め立てられており水路としての機能を失っていたこと，②順号4及び5の各土地は青地部分を含めて一体の畑として耕作されていたこと，③市は順号4及び5の各土地並びに青地部分の土地を一体として生産緑地地区に定める都市計画を決定していたことからすると，順号4及び5の各土地は1つの評価単位として取り扱うのが相当であると判断されている*9。

●図表－15　本件各土地の図面

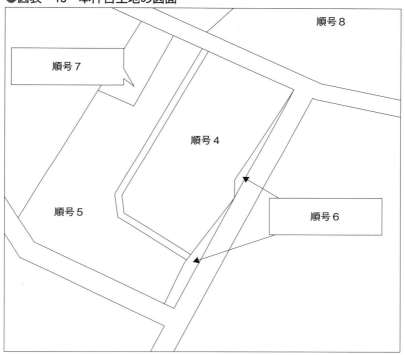

　なお，評価方法については，納税者は全体を一団の土地として広大地通達（旧評価通達24－4）を適用して評価し，その価額を評価単位によりあん分して評価額を計算しているが，裁決においては，まず各土地全体の評価額を算出し，その後，その評価額から青地部分の土地の価額（払下費用相当額）を控除して評価するのが相当とされている。

＊9　本件は，水路が，埋め立てられていること，畑の一部として耕作されていたこと，評価対象地と一体で生産緑地地区とされていた点がポイントである。いずれかが欠けていればどうなるかという問題は残る。

8 本章のまとめ

　農地を評価する場合，農地を純農地，中間農地，市街地周辺農地，市街地農地の４つに区分する必要があり，その区分は各国税局長が定める倍率表によって判定する。

　まず，純農地及び中間農地については，倍率方式により評価を行う。そこでは，固定資産税評価額に評価倍率を乗じて評価するため簡便的な評価方法となるが，地目は必ずしも登記地目や課税地目によるとは限らないことに留意する。地目の判断によって，土地の評価額が異なってくるため，現況地目の確認を欠かさずに行いたい。

　また，市街地周辺農地及び市街地農地については，宅地に比準して路線価方式又は倍率方式により評価を行う。そこでは，宅地としての効用を果たす規模や形状等の観点から，利用の単位となっている一団の農地を評価単位とする。したがって，同一地目の複数の筆が一体として評価される場合があったり，異なる地目が一体として評価される場合があることに注意が必要である。

第 9 章
雑種地の評価単位

1 雑種地とは

(1) 雑種地とは

本章では，雑種地の評価単位を確認しておきたい。

雑種地とは，宅地，田，畑，山林，原野，牧場，池沼，鉱泉地のいずれにも該当しないものをいう（評価通達7）。

例えば，遊園地，運動場，ゴルフ場，テニスコート，競馬場，野球場，駐車場，変電所敷地，鉄塔敷地，不毛地，砂地，土取場跡，鉄軌道用地などその実態はさまざまである。

雑種地の評価単位を考える上では，まず雑種地と宅地，農地との明確な区分をしなければならない。

「建物の敷地及びその維持若しくは効用を果たすために必要な土地」は宅地であるが，建物が建っていたとしても，例えば，容易に撤去解体できる簡易的なプレハブ倉庫のような土地定着性がないものは建物に含まれない。加えて，ゴルフ練習場のように，土地上のクラブハウス（建物）と雑種地が一体として利用されている場合において，主たる地目が雑種地となる場合には全体が雑種地となる。

また，耕作の目的に供される土地は農地となるが，雑草等が生育し，容易に農地に復元し得ないような状況にある未利用地は雑種地となる。

(2) 自宅と駐車場の評価単位

① 自家用駐車場

雑種地のうち最も多いケースが駐車場である。そこで，例えば被相続人の自宅敷地（宅地）と駐車場が隣接しているような場合における評価単位を確認しておきたい。

まず，駐車場を自家用車のために利用している場合である。

●図表－1　自宅と自家用駐車場

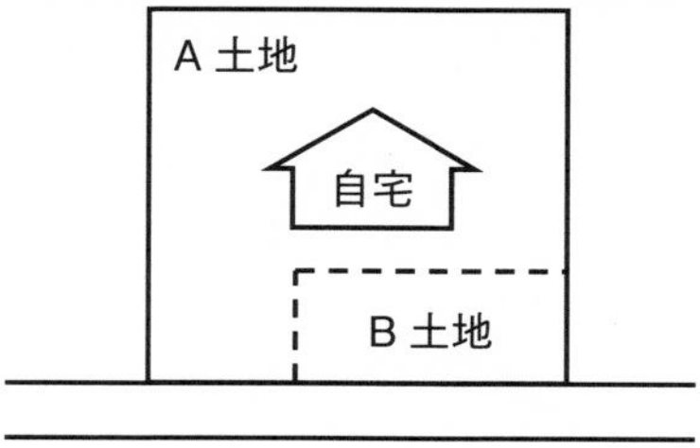

A土地

自宅

B土地

例えば，次の図表－1のようなケースである。

㋑　被相続人・甲は，A土地及びB土地を所有している。

㋺　甲は，A土地上に居住用建物を建てて自ら利用している。

㋩　甲は，B土地を自家用車の駐車場として自ら利用している。

本ケースにいう自家用車のための駐車場は，「建物の敷地及びその維持若しくは効用を果たすために必要な土地」として宅地と認定されることになる。したがって，そもそも雑種地に該当しないこととなり，その全体を1画地の宅地として評価する。

② 月極駐車場

次に，図表－1のB土地を月極駐車場として近隣住民に賃貸している場合である。

同じ駐車場であっても，月極駐車場となると「建物の敷地及びその維持若しくは効用を果たすために必要な土地」に該当しないことから「雑種地」となる。

そして，A土地（自宅の敷地）とB土地（月極駐車場）は，宅地と雑種地として地目が異なるため，別々に評価する*1。

なお，評価通達7ただし書きにおいては，2以上の地目が一体として利用されている場合には，主たる地目からなる一団の土地として評価することとなるが，評価対象地はいずれも一体として利用されているものではないためこれに当てはまらないこととなる。

---

*1　大阪国税局「資産税課税関係　誤りやすい事例（平成29年分）」参照

また，評価通達７なお書きにおいては，２以上の地目の土地が隣接しており，その形状，地積の大小，位置等からみてこれらを一団として評価することが合理的と認められる場合には，その一団の土地ごとに評価することとなるが，評価対象地は，宅地と雑種地であり，一団の土地として評価する場合に当てはまらないことから別の評価単位となる*2。

2　雑種地の評価単位

(1)　雑種地の評価単位

① 　雑種地の評価方式

　雑種地は，「利用の単位」となっている「一団の雑種地」を評価単位とする（評価通達７－２）。

　なお，雑種地は，その実態がさまざまであり一律に評価方法を定めることが困難なことから，その雑種地の所在する周辺地域の状況に応じて，宅地に準じて評価するか，又は，純農地，純山林，純原野（以下，あわせて「純農地等」という。）に比準して評価することとされている*3。

② 　市街化調整区域にある雑種地

　市街化調整区域*4にある農地や山林については，倍率方式で評価を行うこととなるが，雑種地は農地や山林と異なり，国税局長によって評価倍率が定められておらず，「固定資産税評価額×評価倍率」により価額を算出することができない。

　この場合，その雑種地の所在する周辺地域の状況に応じて，宅地

＊２　仮に雑種地と農地，山林，原野が隣接する場合にあっても，いずれも周辺における標準的な宅地と同等の規模で，いずれも道路に面しているような場合には一団として評価することが合理的と認められる場合には該当しない。

＊３　国税庁質疑応答事例「市街化調整区域内にある雑種地の評価」

＊４　「市街化調整区域」は，都市計画における市街化を抑制すべき区域をいう。

●図表－2 比準地目としんしゃく割合

周囲（地域）の状況	比準地目	しんしゃく割合
① 純農地，純山林，純原野	農地比準，山林比準，原野比準(注1)	
② ①と③の地域の中間（周囲の状況により判定）	宅地比準	しんしゃく割合 50%
③ 店舗等の建築が可能な幹線道路沿いや市街化区域との境界付近(注2)		しんしゃく割合 30%
	宅地価格と同等の取引実態が認められる地域（郊外型店舗が建ち並ぶ地域等）	しんしゃく割合 0%

（左欄外：市街化の影響度　弱↑／強↓）

> （注）1　農地等の価額を基として評価する場合で，評価対象地が資材置場，駐車場等として利用されているときは，その土地の価額は，原則として，財産評価基本通達24－5（農業用施設用地の評価）に準じて農地等の価額に造成費相当額を加算した価額により評価する（ただし，その価額は宅地の価額を基として評価した価額を上回らないことに留意する。）。
> 　　2　③の地域は，線引き後に沿道サービス施設が建設される可能性のある土地（都市計画法34条9号，43条2項）や，線引き後に日常生活に必要な物品の小売業等の店舗として開発又は建築される可能性のある土地（都市計画法34条1号，43条2項）の存する地域をいう。
> 　　3　都市計画法34条11号に規定する区域内については，上記の表によらず，個別に判定する。

または純農地等に比準して評価することとなる（図表－2）[5]。

　その雑種地の存する周辺地域の状況が純農地等である場合には，これらの土地は各々宅地化の期待益を含まない土地であるため，その雑種地を評価するに当たっては，付近の純農地等の価額を基として評価する[6]。

　一方，その雑種地が幹線道路沿いや市街化区域との境界付近にある場合には，その付近に宅地が存在していることも多く宅地化の可

---

*5　前掲*3
*6　例えば，純農地に比準する場合は，「近傍農地単価×地積×純農地の評価倍率」の算式により価額を求める。

能性があることから，付近の宅地の価額を基として評価する*7。

③　市街地的形態を形成する地域にある雑種地

　市街化調整区域以外の都市計画区域で市街地的形態を形成している地域においては，近隣の宅地の価額の影響を強く受けることから，原則として，これらの土地が宅地であるとした場合の価額によって路線価方式または倍率方式で評価する。

(2)　宅地比準方式における評価単位

　「利用の単位となっている一団の雑種地」は，「1画地の宅地」に準ずる概念であり，1画地の宅地とは，その土地を取得した者が，使用収益，処分をすることができる利用単位ないし処分単位をいう*8。その土地を自用地として使用している限り，他から制約を受けることがないので，それを1利用単位とし，その土地を他人に賃貸している場合には，賃貸借契約に基づく制約を受けることとなるため，その借主の異なるごとに1利用単位とする。

　具体的には次のように判定する。

　(イ)　所有する雑種地を自ら使用している場合には，その全体を1画地とする。

　(ロ)　所有する雑種地の一部について賃借権等を設定させ，他の部分を自己が使用している場合には，それぞれの部分を1画地の雑種地とする。

　(ハ)　賃借権等の目的となっている雑種地を評価する場合において，貸付先が複数であるときには，同一人に貸し付けられている部分ごとに1画地とする。

　(ニ)　2以上の者から隣接している土地を借りて，これを一体として利用している場合には，その借主の賃借権等の評価にあたっ

＊7　宅地に比準する場合は，「近傍宅地単価×評価倍率×画地補正率×しんしゃく割合×地積」の算式により価額を求める。

＊8　平成24年12月13日裁決〔国税不服審判所ホームページ〕

●図表－3　自用地と自用地

A 土地 資材置場	B 土地 空き地

ては，その全体を1画地として評価する。

　この場合，貸主側の貸地の評価に当たっては，各貸主の所有する部分ごとに区分して，それぞれを1画地として評価する。

(3)　自用地と自用地

① 利用の単位が異なる場合

　雑種地は，「利用の単位」となっている「一団の雑種地」を評価単位とする。

　例えば，次の図表－3のように利用の異なる雑種地を自ら使用しているケースである。

　㈤　被相続人・甲は，A土地及びB土地を所有している。

　㈩　甲は，A土地を資材置き場として自ら利用している。

　㈦　甲は，B土地を空き地としている。

　原則として，このような場合は「利用の単位」が異なることから，A土地とB土地とで別個の評価単位となる。

　ただし，宅地と状況が類似する雑種地については，宅地の価格形成要因の影響を受けることとなるため，宅地の評価単位に準じて，いずれも自用地としてその全体を1画地として評価する。

② 月極駐車場と月極駐車場

　近隣住民の自動車の保管場所として，土地を月極駐車場として賃貸している場合は，その土地は自用地として評価するものと解されている*9。自動車の保管場所の賃貸借契約が，土地の利用そのものを目的とした賃貸借契約とは本質的に異なる権利関係であり，駐車

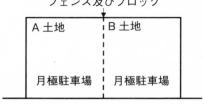

●図表－4　月極駐車場と月極駐車場

フェンス及びブロック

A 土地	B 土地
月極駐車場	月極駐車場

場の利用権は，その土地自体に及ぼす権利ではないと考えられているからである。

　したがって，図表－4のように，隣接する月極駐車場と月極駐車場がフェンスやブロックにより2区画に分かれているような場合であっても，いずれも自用地と自用地ということになり，原則として，全体を1画地として評価する。

③　争 訟 事 例

　隣接する2以上の月極駐車場がフェンス等で区分されている場合の評価単位が争われた事例として平成21年12月14日裁決〔TAINS・F0－3－388〕がある。

　評価対象地である本件b1土地～本件b6土地の概要は以下の通りである。

　㈠　評価対象地の位置関係は図表－5のとおりである。

　㈢　本件b1土地は，被相続人の自宅の敷地の用に供されていた。

　㈣　本件b2土地，本件b3土地，本件b5土地及び本件b6土地は月極駐車場の用に供されていた。

　㈡　本件b4土地及び本件C土地は，一体としてアスファルトで舗装された私道であり，専ら特定の者の通行の用に供されていた。

＊9　平成8年6月13日裁決〔裁決事例集51巻575頁〕

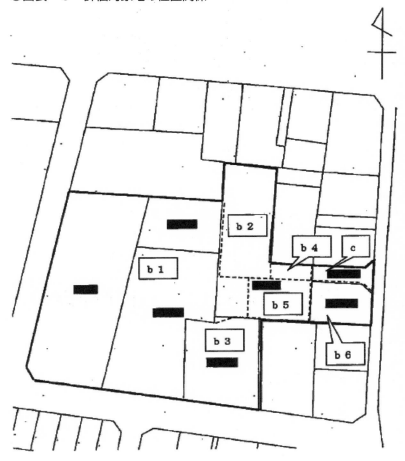

(ホ)　本件 b 3 土地と本件 b 5 土地との境には簡易なフェンス，本
　　件 b 5 土地と本件 b 6 土地との境には低層ブロック塀及び金網
　　フェンスが設置されていた。

(ヘ)　被相続人は，駐車場の管理を一括して，同一の不動産会社に
　　委託していた。

審査請求人は，全体が自用の宅地であることから，本件 b 4 土地

を除いた全体を一体評価し，広大地として評価すべきであると主張した。

　これに対し，原処分庁は，本件ｂ１土地を１画地の宅地として，本件ｂ２土地，本件ｂ３土地，本件ｂ５土地及び本件ｂ６土地は，それぞれを一団の雑種地として評価するのが原則であるが，本件ｂ２土地及び本件ｂ５土地については，それぞれ１区画の雑種地として評価すると無道路地となるから，本件ｂ２土地，本件ｂ５土地及び本件ｂ６土地を併せて一団の雑種地として評価単位とすることが合理的であると主張した。

　裁決は，本件ｂ２土地，本件ｂ３土地，本件ｂ５土地及び本件ｂ６土地は，同一の不動産会社が一括して管理する月極駐車場という同一の目的に供されているから，全体を「利用の単位となっている一団の雑種地」として一つの評価単位とするのが相当と判断している。

3　貸し付けられている雑種地の評価

(1)　雑種地の賃貸借

①　賃借権とは

　土地は，賃貸借が行われると，原則として，借地人に地上権（民265）又は賃借権（民601）といった権利が発生する。

　そして，地上権と賃借権のうち，「建物の所有を目的とするもの」を借地権という（借地借家法２一）*10。建物が建っている土地は「宅地」であり，発生する権利は「借地権」，底地は「貸宅地」である。これに対し，構築物等の敷地として貸し付けられている土

---

*10　構築物の所有を目的とする土地の賃借権は，所得税法や法人税法の借地権に含まれているが，財産評価基本通達上の借地権には該当しない（国税庁質疑応答事例「借地権の意義」）。

地は「雑種地」であり，発生する権利は「賃借権」，底地は「貸地」となる。

　土地の賃貸借に借地権が認められるかどうかは，その土地上にある建物に借地借家法の適用があるかどうかによる。例えば，容易に解体できる簡易的なプレハブ倉庫は，土地定着性を予定しているものではなく，原則として，借地権は認められないこととなる。

　そして，簡易的なプレハブ倉庫や車庫などの施設を土地の利用者の費用で造ることを認めるような契約の場合には，土地の賃貸借になると考えられるため，その土地は，自用地価額から賃借権の価額を控除した金額によって評価する*11。

② 賃借権の区分

　なお，その賃借権の財産評価については，登記の有無，権利金の多寡，現実の利用状況等によって，㈠堅固な構築物の所有を目的とするといった地上権に準ずる賃借権（以下，「地上権的賃借権」という）と㈡地上権的賃借権以外の賃借権の２つに区分される（評価通達86，87。図表－6）。

　地上権的賃借権には，例えば，賃借権の登記がされているもの，設定の対価として権利金その他の一時金の授受のあるもの，堅固な構築物の所有を目的とするものなどが該当し，バッティングセンターの施設のようなものが堅固な構築物に該当する。

●図表－6　賃借権の区分

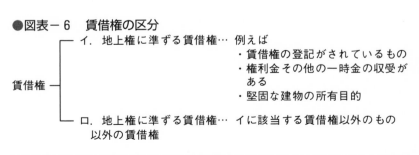

賃借権
├ イ．地上権に準ずる賃借権… 例えば
│　　　　　　　　　　　　　　・賃借権の登記がされているもの
│　　　　　　　　　　　　　　・権利金その他の一時金の収受がある
│　　　　　　　　　　　　　　・堅固な建物の所有目的
└ ロ．地上権に準ずる賃借権… イに該当する賃借権以外のもの
　　　　以外の賃借権

*11　国税庁タックスアンサー「No4627貸駐車場として利用している土地の評価」参照

一方，地上権的賃借権以外の賃借権には，例えば，土地の利用が
アスファルト舗装の構築物であるものや撤去が容易なプレハブ式建
物である場合がこれに該当する。

(2)　自用地と貸地

① 　月極駐車場と貸地

　雑種地の一部を自己が利用し，他の部分に賃借権等を設定させて
いる場合には，それぞれを別の評価単位とする。

　例えば，次の図表－7のようなケースである。

　㋑　被相続人・甲は，A土地及びB土地を所有している。

　㋺　甲は，A土地を月極駐車場として，それぞれ近隣住民に賃貸
　　している。

　㋩　甲は，B土地を土地の利用を目的として乙社へ賃貸し，乙社
　　は立体駐車場（構築物）を建てて社員用の駐車場として利用し
　　ている。

　このような場合，A土地の月極駐車場が自用地となるのに対し，
B土地は，他人の権利（賃借権）が存する土地となる。

　したがって，A，B両土地は利用の単位が異なっているといえる
から，別個の評価単位となる。

② 　月極駐車場とコインパーキング

　なお，図表－7のB土地を乙社が時間貸駐車場用のロック装置
や精算機等（構築物）を設置してコインパーキングとして利用して
いるようなケースにおいても同様である（図表－8）。

　このような場合，外見上は同じ駐車場であっても，B土地は，他
人の権利（賃借権）が存する土地となり，A，B両土地は利用の単
位が異なっているといえるから，別個の評価単位となる。

③ 　争 訟 事 例

　隣接する月極駐車場とコインパーキングの評価単位が争われた事
例として，東京地裁平成30年11月30日判決〔税務訴訟資料268号順

●図表－7　自用地と貸地

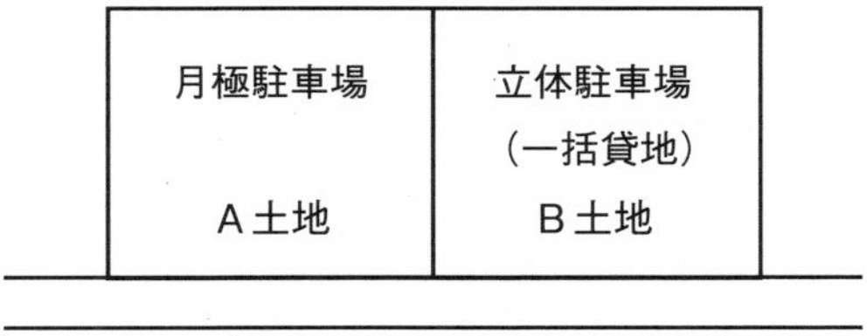

月極駐車場
A土地
立体駐車場
（一括貸地）
B土地

●図表－8　自用地と貸地2

月極駐車場
A土地
コインパーキング
B土地

●図表－9　土地の位置関係

順号9
順号8
順号4

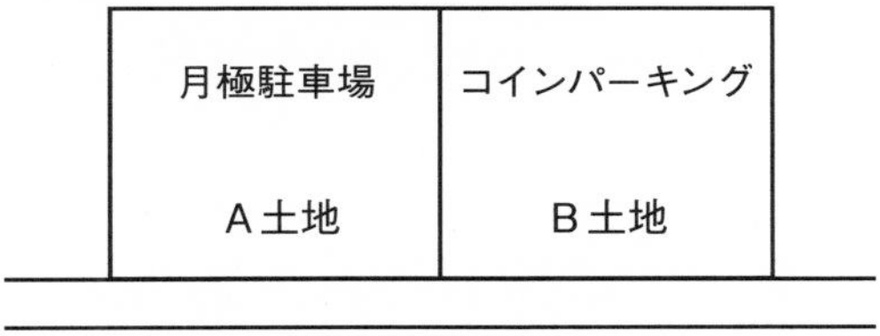

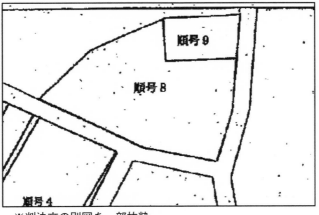

※判決文の別図を一部抜粋

号13216〕がある。

評価対象地である本件3土地の概要は以下の通りである。

(イ)　本件3土地は，図表－9の順号8及び順号9から構成されている。

(ロ)　順号8（1,533.46㎡）の現況地目は雑種地であり，被相続人

が駐車場利用者と駐車場使用契約を締結し，駐車場利用者に月極駐車場として利用させていた。

(ハ) 順号9（386㎡）の現況地目も雑種地であり，被相続人が，D社に貸し付け，同社は，駐車場経営に必要な設備等を同土地に設置し，駐車場経営を行っていた。

(ニ) D社との賃貸借契約は以下の通りである。

 a 借主が，駐車場の経営並びに駐車場の経営の目的を達するための無人時間貸駐車場用機器，精算機，飲料等の自動販売機，看板及び電灯の設置を賃貸借の目的とする。

 b 契約期間は2年間であるが，契約の当事者が予告期間を定めた上で書面をもって契約の解除を申し入れることができ，この場合，解約を申し入れた者は相手方に対し予告期間に応じた違約金を支払う。

(ホ) 順号8と順号9の間は，杭及びロープ状のもので仕切られている。

原告は，順号8及び順号9は，いずれも駐車場敷地として同一利用目的を有しており，また，フェンス等の堅固なものをもって境界を分けているものではないから一体で広大地として評価すべきであると主張した。

これに対し被告税務署長は，順号8は，被相続人が，月極駐車場として駐車場の経営を直接行っていたのに対し，順号9は，D社に賃貸し，同社が駐車場経営に必要な設備等を設置した上で，駐車場経営をしていたものであるため，これらの土地を一体として評価することに合理性は認められないと主張した。

判決においては，順号8及び順号9ともに駐車場として利用されているものの，それぞれ経営者及び利用形態が異なり，それが仕切りによって外観上も明らかであることから，同一の目的に供されている雑種地とはいえず，個別に評価をするのが相当であると判示されている。

(3) 貸地と貸地

　貸し付けられている雑種地を評価する場合において，貸付先が複数であるときには，同一人に貸し付けられている部分ごとに1画地とする。

　例えば，図表－10のようなケースである。

　㈵　被相続人・甲は，A土地及びB土地を所有している。

　㈻　甲は，A土地を土地の利用を目的として借地人乙社に賃貸し，乙社は資材置場として利用している。

　㈾　甲は，B土地を乙社とは別の借地人丙社に賃貸し，丙社は立体駐車場を建てて社員用の駐車場として利用している。

　このような場合，A土地及びB土地には，ともに他人の権利（賃借権）が存し，いずれも貸地として利用しているが，賃借人が異なっていることから，それぞれを別の評価単位とする。

(4) 自用地と賃借権

　雑種地の一部を自己が所有し，他の部分を借地して利用している場合にはどのような評価単位となるであろうか。

　例えば，図表－11のようなケースである。

　㈵　被相続人・甲は，A土地を所有している。

　㈻　甲は，隣接するB土地を乙から賃貸借契約により借り受け，A土地と一体となって立体駐車場の敷地として利用している。

●図表－10　貸地と貸地

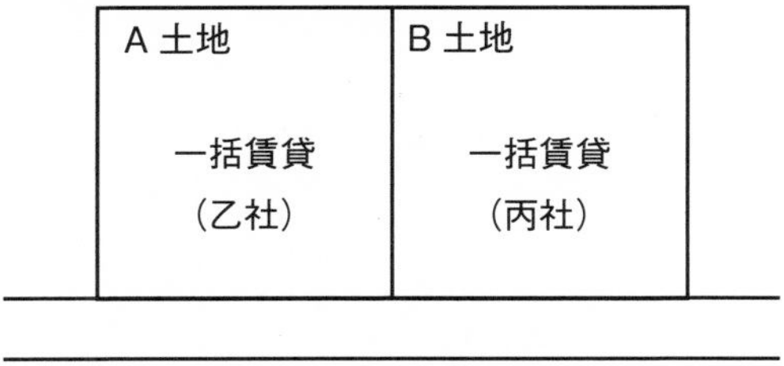

A土地 一括賃貸 （乙社）	B土地 一括賃貸 （丙社）

●図表−11　自用地と賃借権

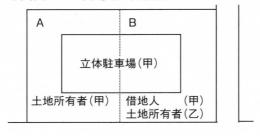

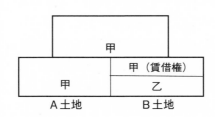

　このように自己が所有する土地の隣地を借り受け，一体利用している場合には，その賃借権の評価に当たっては，全体を1画地として評価する。

　そして，全体を1画地として評価したうえで，下記の算式のとおり，地積按分を行って甲の所有するA土地と賃借権であるB土地を評価する。

（算式）

$$\begin{array}{l}\text{A土地}\\ \text{の価額}\end{array} = \left(\begin{array}{l}\text{A, B土地全体を1画地の}\\ \text{雑種地として評価した価額}\end{array}\right) \times \dfrac{\text{A土地の地積}}{\text{A, B土地の地積の合計}}$$

$$\begin{array}{l}\text{B賃借権}\\ \text{の価額}\end{array} = \left(\begin{array}{l}\text{A, B土地全体を1画地の}\\ \text{雑種地として評価した価額}\end{array}\right)$$
$$\times \dfrac{\text{B土地の地積}}{\text{A, B土地の地積の合計}} \times \text{賃借権割合}$$

　なお，土地所有者である乙の貸地を評価する場合は，B土地のみ

を１画地の雑種地として評価する。

4 地目の異なる土地を一団として評価する場合

　さて，雑種地においても地目別に評価を行い，雑種地と雑種地が隣接する場合は「利用の単位」ごとに評価を行うことはこれまで述べてきた通りである。

　なお，財産評価基本通達７のなお書きの適用があることは市街地農地等と同様である。

　つまり，市街化調整区域以外の都市計画区域で市街地的形態を形成する地域において，市街地農地，市街地山林，市街地原野又は宅地と状況が類似する雑種地のいずれか２以上の地目が隣接しており，その形状，地積の大小，位置等からみてこれらを一団として評価することが合理的と認められる場合には，その一団の土地ごとに評価する。

　例えば，図表－12のようなケースである。

　このような土地について，地目別に評価を行うと，宅地の効用を果たさない規模や形状で評価することとなり，標準的宅地と同じような規模及び形状であるにもかかわらず，価額が異なることとなるため一団の土地として評価する。

●図表－12　一団の土地

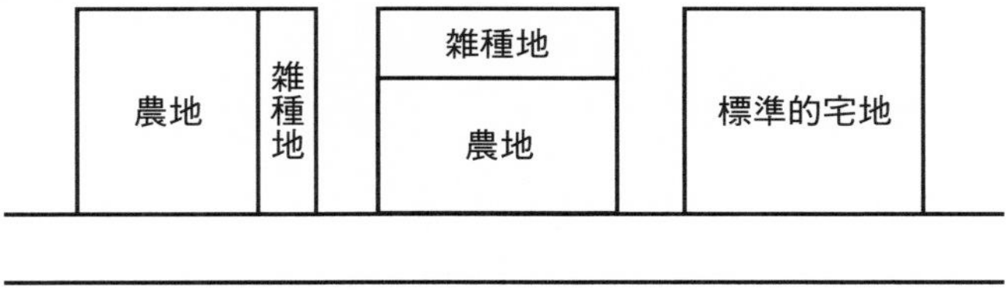

農地	雑種地	雑種地	標準的宅地
		農地	

5 本章のまとめ

　雑種地の評価単位を考える上では，まずは地目が雑種地となるのか，宅地や農地となるのかといった判断を行う必要がある。

　そして，雑種地は「利用の単位」となっている「一団の雑種地」ごとに評価する。宅地と状況が類似する雑種地については，宅地と同様，自用地として使用している限り他から制約を受けることがないためそれを1利用単位とし，他人に賃貸している場合には，その借主ごとに1利用単位とする。

　なお，雑種地の評価で最も重要な点は，貸し付けられている雑種地について，賃借権が生じるか否かという点である。自用地と貸地が隣接する場合で，貸地に賃借権が発生しないのであれば自用地として一体評価となり，賃借権が発生すれば別の評価単位となる。したがって，土地の賃貸借契約の内容を確認し，評価事務にあたる必要がある。

第10章
共有地, 不合理分割と評価単位

本章では，土地の共有地の評価単位と遺産分割における不合理分割の論点を確認しておきたい。

1　共有地の評価単位

(1)　単独所有地と共有地

第一に，単独所有地と共有地が隣接している場合の評価単位である。

評価単位の判定は，土地の利用状況や権利関係等の事情を考慮し，土地の自由な使用収益を制約する他者の権利があるか否かにより区分し，他者の権利がある場合には，その種類及び権利者の異なるごとに区分して行うこととされている。

土地を一人で所有（単独所有）している場合は，その所有者は何ら制約なく土地を利用できるのに対し，土地を複数人で共有している場合には，土地の使用，収益，処分に共有者の同意が必要となる。

したがって，土地の使用収益を制約する共有という事情を評価単位の判定に反映させる必要がある。

① 被相続人が共有していた場合

例えば，次の図表－1のように相続財産の中に共有地が存する場合である。

(イ)　A土地は被相続人・甲が所有している。

(ロ)　B土地は甲と妻・乙の共有となっている。

●図表－1　単独所有と共有1

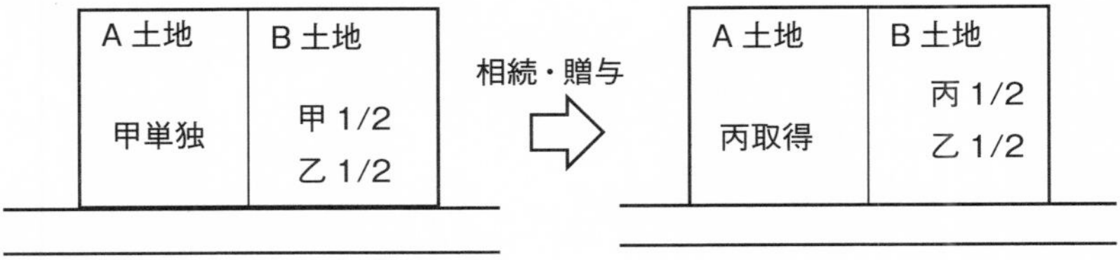

A土地	B土地	相続・贈与	A土地	B土地
甲単独	甲 1/2 乙 1/2	⇒	丙取得	丙 1/2 乙 1/2

●図表－2　単独所有と共有2

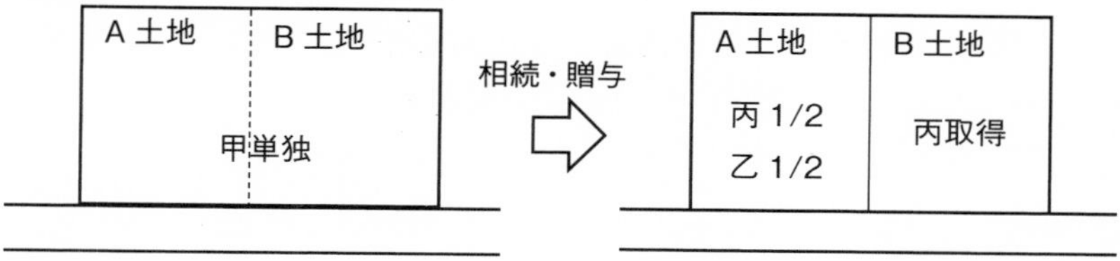
A土地
B土地
甲単独
相続・贈与
A土地
B土地
丙1/2
乙1/2
丙取得

(ハ)　市街化区域に所在し，現況はいずれも未利用地である。

(ニ)　甲の相続が発生したことにより，甲の持分を長男・丙が取得した。

②　遺産分割等により共有となる場合

次に，図表－2のように被相続人の単独所有地が遺産分割により相続人の共有となるケースである。

(イ)　A土地及びB土地は被相続人・甲が単独により所有していた。

(ロ)　甲の相続が発生したことにより，A土地を妻乙と長男丙との共有，B土地を長男・丙が単独で取得した。

(ハ)　市街化区域に所在し，現況はいずれも未利用地である。

③　取　扱　い

これらのケースにおいては，A土地とB土地を一体として評価すべきであろうか，別々に評価すべきであろうか。

ここでは，単独所有地は，所有者が何ら制約なく利用できる土地であるのに対し，共有地は，その処分等に共有者の同意が必要であるなど，単独所有の場合と比較して使用，収益及び処分等について制約があることから，原則として，A土地とB土地を別々の評価単位とするのが相当とされている*1。

ただし，共有地であっても，例えば，単独所有地と共有地とが一括して建物等の敷地として利用されているなど，遺産分割の前後を

＊1　平成22年7月22日裁決〔裁決事例集80巻137頁〕

通じて単独所有地と同一の用途に供される蓋然性が高いと認められる状況にある場合，遺産分割後に当該共有地だけを独立して別途の利用に供することは通常できないことから，各宅地の使用等に関し，共有地であることによる法律上の制約等は実質的には認められず，単独所有地と区分して評価するのは相当でないと解されている*2。

(2) 争訟事例

① 別々の評価単位とされた事例

　平成21年8月26日裁決〔TAINS・F0－3－300〕は，遺産分割により，一方は単独所有地，一方は共有地となった場合の評価単位が争われた事例である。

　図表－3の本件A土地及び本件B土地（以下，あわせて「本件各土地」という。）の概要は以下のとおりである。

　(イ)　本件各土地は，被相続人及び相続人が居住の用に供していた建物の敷地，当該建物への通路及び庭として利用されていた。

　(ロ)　本件A土地は，北側道路に接面し，地積683.67㎡，間口24.78m，奥行き27.53mのほぼ正方形の土地である。

　(ハ)　本件A土地は，相続人甲が1,000分の167，相続人乙が1,000分の833の持分により共有取得した。

　(ニ)　本件B土地は，南側道路に接面し，地積355.91㎡，間口25.55m，奥行き14mの長方形の土地である。

　(ホ)　B土地は一方の相続人が単独取得した。

　本件各土地の評価単位について，審査請求人は，相続人が相続税申告期限の日において，その全体（1,039.58㎡）を居住の用に供していることから，本件A土地及び本件B土地を1画地の宅地として広大地評価を適用するのが相当と主張した。

　これに対し原処分庁は，遺産分割により，本件A土地は共有で，

＊2　平成24年12月13日裁決〔裁決事例集89巻289頁〕

●図表－3　位置関係図

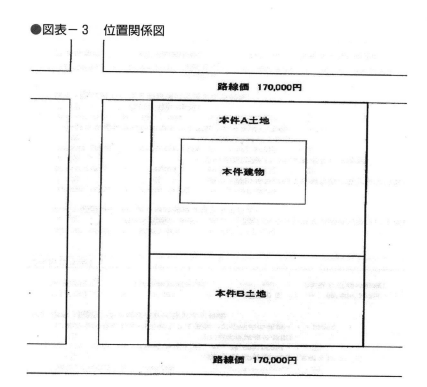

本件B土地は単独で取得したものであるから取得者が異なってお
り，それぞれを1画地として評価すべきと主張した。

　裁決は，本件B土地は取得者にとって単独所有の自用地として
何ら制限なく利用できる土地であるのに対し，本件A土地は共有
財産であり，共有物の変更や処分は共有者の同意が必要であるなど
単独所有の場合と比較して使用，収益及び処分について制約がある
土地と認められることから，遺産分割後のそれぞれを1画地の宅地
として評価することが相当と判断している。

　なお，本件A土地は，著しく広大で開発行為により公共公益的
施設用地の負担が必要な土地と認められるから広大地に該当するが，
本件B土地は開発許可が不要な土地であり，広大地に該当しない
こととされている。

② 一体評価とされた事例

（ⅰ）平成24年12月13日裁決〔裁決事例集89巻289頁〕

　　　本件は，単独所有地と共有地が混在している土地の評価単位が争われた事例である。

　　　評価対象地である本件Ｃ１土地ないし本件Ｃ５土地（以下，あわせて「本件Ｃ土地」という。），本件Ｃ６土地，本件Ｃ７土地の概要は以下のとおりである。

　（イ）本件各土地の位置関係等は，図表－４のとおりである。

　（ロ）本件Ｃ１土地（宅地）及び本件Ｃ５土地（畑）が単独所有地であり，本件Ｃ２土地ないし本件Ｃ４土地（雑種地）は共有地であった。

　（ハ）本件相続に係る遺産分割により，本件Ｃ土地に係る被相続人の所有権又は共有持分権の全てを１人の相続人Ｊが取得したため，引き続き本件Ｃ１土地及び本件Ｃ５土地が単独所

●図表－４　本件Ｃ土地の位置関係

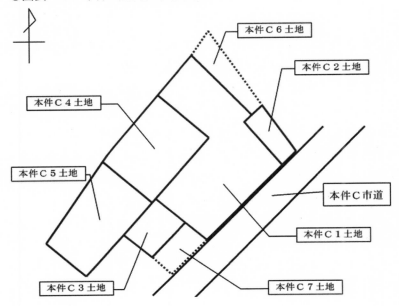

有地となり，これらを除く土地が共有地となった。

㈤　本件Ｃ6土地は，相続人ほか1名が共有により所有していた土地であり，本件Ｃ7土地は訴外同族法人（以下「本件会社」という）が単独で所有していた土地である。

㈥　本件Ｃ土地及び本件Ｃ6土地は，本件会社に賃貸されている。

㈦　本件会社は，本件Ｃ土地，本件Ｃ6土地及び本件Ｃ7土地上に，立体駐車場の設備を設置し，これを月極駐車場として賃貸の用に供している。

㈧　本件会社は，本件Ｃ土地及び本件Ｃ6土地の所有者に対し，賃料として各土地の固定資産税の1.5倍に相当する金額を支払っている。

　本件Ｃ土地の評価単位について，審査請求人は，その全てが本件会社の立体駐車場の敷地として貸し付けられていること，また，本件Ｃ土地の全ての筆に被相続人の持分があることなどから，全体を一団の雑種地として評価すべきと主張した。

　これに対し原処分庁は，本件相続に係る遺産分割後における本件Ｃ土地については，共有者の有無及びその共有持分の割合がそれぞれ異なるから，本件Ｃ1土地ないし本件Ｃ5土地の5区画に区分して，それぞれを一団の雑種地として評価すべきと主張した。

　裁決は，利用状況，権利関係等諸般の事情を考慮すれば，相続開始日において，本件Ｃ土地は，その一部が共有地であっても，現に一体として賃貸の用に供され，本件相続に係る遺産分割後も同一の用途に供される蓋然性が高いと認められる状況にあったから，本件Ｃ土地については，その一部が共有地であることによる使用等の制約が実質的にないものと認められ，本件Ｃ土地は，全体を一つの評価単位として評価するのが相当と判断されている。

(ii)　同裁決

　　また，同じ平成24年12月13日裁決においては別の単独所有地と共有地が隣接する３つの自用地の評価単位が争われている。

　　評価対象地としての本件Ｇ１土地ないし本件Ｇ３土地（以下，あわせて「本件Ｇ土地」という。）の概要は以下のとおりである。

　(イ)　本件Ｇ１土地及び本件Ｇ３土地は市道に一方で接面し，本件Ｇ２土地は市道に二方で接面している。

　(ロ)　本件Ｇ１土地は，１筆の雑種地であり，被相続人の単独所有地である。地積が31㎡，間口が２ｍ程度と狭小の土地である。

　(ハ)　本件Ｇ２土地は，１筆の宅地であり，被相続人，相続人乙及びその子２名による共有地である。

　(ニ)　本件Ｇ３土地は，各１筆の宅地及び雑種地であり，被相続人の単独所有地である。

　(ホ)　本件Ｇ土地の上には，被相続人の相続財産である昭和42年新築の木造瓦葺２階建ての居宅（本件Ｇ１建物）及び相続人乙が平成５年に新築した木造瓦葺平屋建ての居宅（本件Ｇ２建物）があった。

　(ヘ)　本件Ｇ１建物と本件Ｇ２建物との間に塀等は設置されておらず，本件Ｇ土地の上に，土地を区分する仕切りは存在しない。

　本件Ｇ土地の評価単位について，審査請求人は，被相続人の自宅及び相続人乙の自宅の敷地として一体で利用されていること，本件土地の全ての筆に被相続人の持分があり，その各持分を一人の相続人が取得していることからすれば，本件Ｇ土地全体を１画地の宅地として評価すべきであると主張した。

　これに対し原処分庁は，本件Ｇ２土地は共有であることにより，その使用収益などが制約されているのに対し，本件Ｇ１土地及び本

件 G 3 土地には，何ら他者の権利が存在しないことから本件 G 1 土地ないし本件 G 3 土地の 3 区画に区分して，それぞれを 1 画地の宅地として評価すべきと主張した。

裁決は，①本件 G 2 土地を含む本件土地は，一体として 2 棟の建物の敷地の用に供されていること，②本件 G 1 土地は，単独では有効利用の困難な狭小な宅地であること，③本件相続に係る遺産分割により，本件 G 土地に係る被相続人の所有権及び共有持分権と併せて，その上に建つ本件 G 1 建物を，いずれも相続人乙が取得したこと，④本件 G 2 土地の共有者は，いずれも乙の子であることからすれば，本件 G 土地には，宅地の所有者による自由な使用収益を制約する他者の権利は存在せず，かつ，本件 G 土地は，本件相続に係る遺産分割後も一体として同一の用途に供される蓋然性が高いと認められる状況にあるから，利用状況，権利関係等からして，本件 G 2 土地が共有地であることによる使用等の制約が実質的にないものと認められ，全体を一つの評価単位として評価するのが相当と判断している。

(3) 小　　括

単独所有地と共有地が隣接している場合，原則として，単独所有地は，所有者が何ら制約なく利用できる土地であるのに対し，共有地は，使用，収益及び処分等について制約があることから別々の評価単位となる。

ただし，共有地であっても，例えば，単独所有地と共有地とが一括して建物等の敷地として貸し付けられているなど，遺産分割の前後を通じて単独所有地と同一の用途に供される蓋然性が高いと認められる状況にある場合には一体となる。

したがって，図表－1 及び図表－2 のような場合，原則は別の評価単位となるが，例えば，図表－5 のように土地上に建物が建てられており，一体として利用されているようなケースにおいては，依

然として単独所有地と共有地が同一の用途に供される蓋然性が高い
と認められるため一体の評価単位となる。

●図表－5　一体利用されている土地

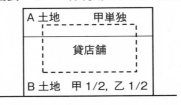

2　不合理分割

　相続や贈与の場面においては，1画地の土地を2以上の土地に分
割して相続または贈与を受けることがある。
　そのようなケースにおいて土地を評価する場合の評価単位は，分
割前の画地となるのであろうか，分割後の画地となるのであろうか。

(1)　原　　　則

① 取　扱　い

　相続税及び贈与税における宅地の評価単位は，原則として「分割
後」の画地を1画地の宅地とする（評価通達7－2）。

　それは，相続税及び贈与税の計算がいわゆる法定相続分課税方式
による遺産取得者課税を採用していることに加え，民法（909条）
が遺産の分割は相続開始の時にさかのぼってその効力を生じる旨を
規定していることなどから，土地の時価の算定に当たり，遺産分割
等による宅地の分割後の所有者単位で評価することが相当と解され
ているからである*3。

② 事　　　例

●図表－6　土地の分割1

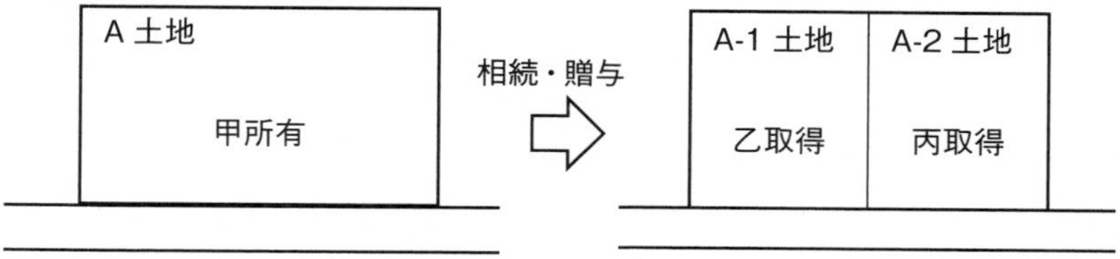

　例えば，図表－6のように被相続人の所有地を遺産分割時に分筆してそれぞれ2人の相続人の所有とするケースである。

　㈑　被相続人・甲は，A土地を所有している。

　㈼　甲の相続に際し，相続人である乙及び丙は，A土地を分筆し，A－1土地を乙，A－2土地を丙が取得した。

　㈽　A－1土地及びA－2土地はいずれも地域の標準的な宅地と同じような規模，形状である。

　このような場合，分割後のA－1土地及びA－2土地は，それぞれ地域の標準的な宅地と同じような規模，形状であり，不合理な分割には当たらないことから1画地として別の評価単位とする。

　また，分割後の2つの土地を図表－7のようにそれぞれ共有で取得するケースも同様である。

　㈑　被相続人・甲は，A土地を所有している。

　㈼　相続人は，妻乙，長男丙，二男丁の3名である。

　㈽　甲の相続に際し，A土地を分筆し，A－1土地を乙と丙，A－2土地を乙と丁が共有取得した。

●図表－7　土地の分割2

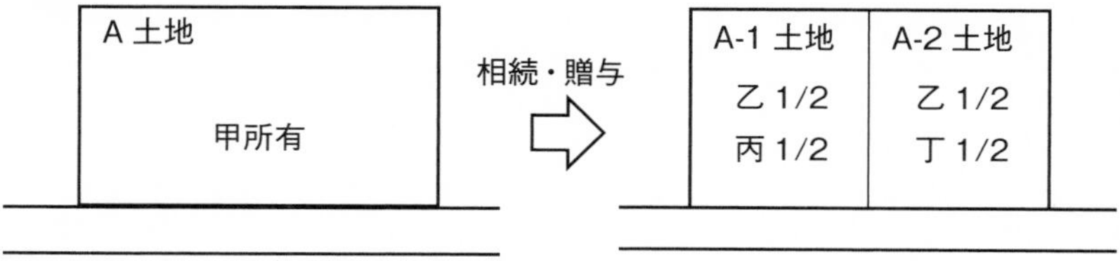

＊3　平成21年8月26日裁決〔TAINS・F0－3－300〕

●図表－8　土地の分割3

A 土地		A-1 土地	A-2 土地
甲所有	相続・贈与 ⇒	乙取得	乙 1/2 丙 1/2

(二)　A－1土地及びA－2土地はいずれも地域の標準的な宅地と同じような規模，形状である。

　ここでは，分割後のA－1土地及びA－2土地は，いずれも乙の持分があるが，一方が丙と共有，一方は丁と共有となっている。

　このような場合，それぞれ地域の標準的な宅地と同じような規模，形状であり，不合理な分割には当たらないことから，原則として1画地として別の評価単位とする。

　これは，分割後の状況がA－1土地が乙の単独，A－2土地が乙とその他の共有であっても同様である（図表－8）。

(2)　不合理分割

①　取　扱　い

　さて，そのように評価単位を分割後で判定すると，遺産の分割を親族間で行う上で恣意的に土地を分割し，一方の土地に道路付けのない土地や，著しく不整形な土地を創出するように分割することで土地の評価を大きく減額することができるようになる。

　そこで，贈与，遺産分割等による宅地の分割が親族間等で行われた場合において，例えば，分割後の画地が宅地として通常の用途に供することができないなど，その分割が著しく不合理であると認められるときは，その分割前の画地を「1画地の宅地」とする（評価通達7－2）。

　ここでいう不合理分割とは，分割後の土地が，例えば，無道路地，帯状地又は著しく狭あいな画地を創出するなど，現在及び将来にお

いても有効な土地利用が図られないことになると認められる分割を
いう。

② 不合理分割の例

　例えば，図表－9のような場合において，A土地を甲が，B土地
を乙が相続した場合である*4。

　(1)については現実の利用状況を無視した分割であり，(2)は無道路
地を，(3)は無道路地及び不整形地を，(4)は不整形地を，(5)は奥行短
小な土地と無道路地を，(6)は接道義務を満たさないような間口が狭

●図表－9　不合理分割

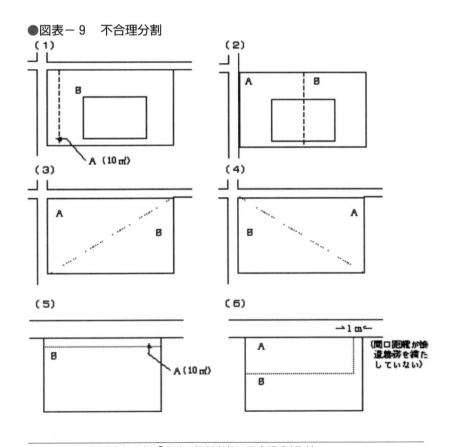

*4　国税庁質疑応答事例「宅地の評価単位－不合理分割(1)」

小な土地を創出する分割となる。分割時のみならず将来においても有効な土地利用が図られず通常の用途に供することができない，著しく不合理な分割と認められるため，全体を1画地の宅地としてその価額を評価した上で，個々の宅地を評価することとするのが相当とされる。

具体的には，A土地及びB土地の全体を1画地として評価し，各土地の価額の比を乗じた価額によって評価する*5。

③ 不合理分割とされた事例

平成22年7月22日裁決〔裁決事例集80巻137頁〕は，相続により取得した土地の一部を不合理分割と認定した事例である。

本件土地の概要は以下のとおりである。

(イ) 被相続人は，図表－10の各土地（A土地，B土地，C1土地とC2土地を併せてC土地，D土地をいい，これらを併せて「本件各土地」という。）を所有し，自ら畑として耕作していた。

(ロ) 本件各土地のうち，本件C1土地及び本件D土地の一部の土地は，被相続人及び相続人らの共有であり，その余の各土地は，被相続人の単独所有であった。

(ハ) 本件相続にかかる遺産分割協議により，相続人E・Fらは本件各土地を以下の通り取得した。

(ニ) B土地は，相続開始後にA土地の一部と併せて分筆され，

	相続開始前所有者	相続開始後所有者
A土地	被相続人単独	E単独
B土地	被相続人単独	E・F共有
C1土地	被相続人・E・F共有	E・F共有
C2土地	被相続人単独	F単独
D土地	被相続人・E・F共有	E・F共有

*5　なお，不合理分割は，あくまでも相続税や贈与税の計算上，分割前の画地によることとされているだけであって，実際にそのように分割をすること自体は否定されるものでない。

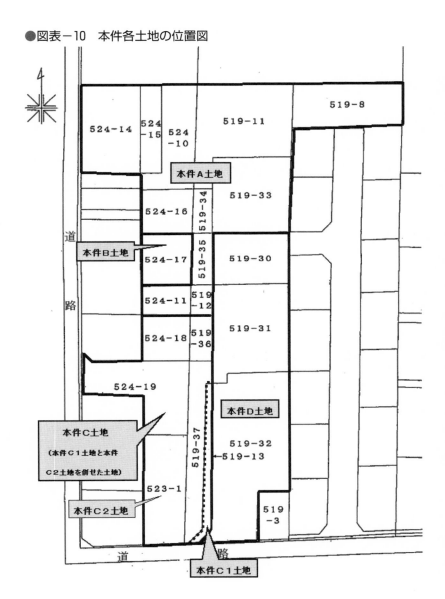

三方をA土地，一方を他人の所有地に接する道路に接してい
ない約10m四方の正方形状の土地である。

㈱　C1土地は，相続開始後にD土地の一部の土地から分筆され，

間口距離約３mで道路に接しているものの，奥行距離が約35m
と長大な帯状地である。

　本件B土地及び本件C1土地の評価単位について，審査請求人
は，本件各土地は物理的な区分がなく，その全体を継続して農地と
して使用していたものであるから全体を１つの評価単位として評価
すべきと主張した。

　これに対し，原処分庁は，本件A土地，本件B土地，本件C2
土地及び本件C1・D土地のそれぞれ４つの評価単位となるが，本
件B土地及び本件C1土地は不合理分割に該当することから，A・
B土地，C2土地，C1・D土地の３つの評価単位にわけて評価す
べきと主張している。

　裁決においても，遺産分割に至る事情を考慮すれば，分割後の画
地は５つとなるが，不合理分割の是正をした結果，原処分のとおり
A・B土地，C2土地，C1・D土地の３つとなると判断している。

(3)　生前贈与と不合理分割

①　取　扱　い

　不合理分割の論点は，相続の場面だけでなく，生前に贈与が行わ
れた場合も同様に考えられる。

　例えば，図表－11において，子（乙）は，生前に亡父（甲）から
A土地の贈与を受けている[6]。今回，甲の相続開始により，乙はB
土地を取得することとなったが，この場合のB土地をどのように
評価するのかといった論点である。

　この場合，A土地は狭小で単独で通常の宅地として利用できない
宅地であり，生前の贈与における土地の分割が不合理なものとなる
ことから，分割前の画地（A，B土地全体）を１画地の宅地とする。

　したがって，原則として，A，B土地全体を１画地の宅地として

＊6　国税庁質疑応答事例「宅地の評価単位－不合理分割(2)」

●図表−11　不合理分割

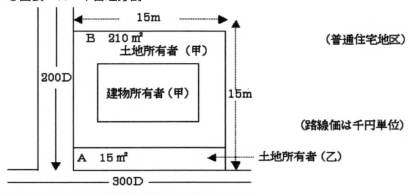

評価した価額に，A，B土地を別個に評価した価額の合計額に占める B土地の価額の比を乗じて評価する。

　なお，A土地の贈与の際のA土地の評価額も，原則として，A，B土地全体を評価した価額にA土地の価額の比を乗じて算出することとなる。

② 争 訟 事 例

　平成16年7月7日裁決〔TAINS・F0−3−100〕は，贈与により受けた土地が不合理分割とされた事例である。

　評価対象地である宅地の概要は以下のとおりである。

　(イ)　審査請求人は，弟より4筆合計355.09㎡の土地（以下「本件宅地」という。）の持分100分の50の贈与を受けた。

　(ロ)　本件宅地と隣接する3筆合計119.11㎡（以下「本件関連宅地」といい，本件宅地と併せて「本件宅地等」という。）は，その全体を一体として利用されており，本件関連宅地の一方のみが路線に接している。

　本件宅地の評価単位について，原処分庁は，贈与により分割された本件宅地と本件関連宅地は，本件宅地が道路に接していなく，分割後の各画地が宅地として通常の用途に供することができず，その

分割が著しく不合理であると認められることから，本件宅地等の全体を評価単位とすべきと主張している。

裁決も，本件の場合，受贈者と贈与者は民法725条に規定する親族（6親等内の血族，配偶者，3親等内の姻族）の関係にあること及び本件宅地と本件関連宅地については，本件宅地が無道路地となり，分割後の宅地と本件関連宅地がそれぞれ独立した一つの宅地として通常の用途に供することができないことから，その分割が著しく不合理であると認められるので，本件宅地等の全体を1画地の宅地として評価することが相当と判断されている。

⑷　地目別評価と不合理分割

なお，地目別評価の原則と不合理分割を混同しないことに注意が必要である。

例えば，図表－12のようなケースにおいて，宅地（A土地）と雑種地（B土地）が隣接する場合，地目が異なるため，原則として別々の評価単位となる。

この際，雑種地の部分が帯状地となり，また，二方路線だった宅地が一方路線となるため，不合理分割の論点が考えられるかもしれないが，不合理分割は，あくまでも親族間等で「分割」が行われた

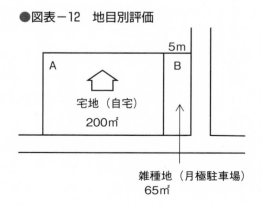

●図表－12　地目別評価

雑種地（月極駐車場）
65㎡

際に著しく不合理となる場合をいい，本件のような課税にあたって地目の別に区分して評価するケースにおいては不合理分割にはあたらない。

3　本章のまとめ

　単独所有地と共有地を一体として評価すべきか，別々に評価すべきかという点については，明確な基準がないことから，個別に評価担当者の判断が求められる。原則は別々の評価単位となるが，単独所有地と共有地が一体として利用されているような場合において，遺産分割の前後を通じて同一の用途に供される蓋然性が高いと認められる場合には一体となる。

　また，贈与や遺産分割の局面において，分割後の土地が，例えば，無道路地，帯状地又は著しく狭あいな画地を創出するなど有効な土地利用が図られないこととなる場合には不合理分割となることに注意が必要である。不合理分割にあたるとして分割前の画地で評価すべきか，不合理分割にあたらないとして分割後の画地で評価すべきかという点においても，有効な土地利用が図られるか否かといった評価担当者の判断が求められる。

　いずれにおいても，一体として評価することで地積規模の大きな宅地に該当したり，別々に評価することで不整形地となったり道路付けが変わってくるなど，土地の価額に影響を与える重要な論点である。

第11章
評価単位の実務

これまでの各章において，評価単位は，1筆の宅地を2以上の評価単位として分ける必要があることを述べてきたが，本章では具体的にどのような資料を使ってどのような手順で分けるのかを確認しておきたい。

1　評価単位を分ける手順

　例えば，公図上1筆の土地が（図表－1），現況では図表－2のように宅地（自宅）と雑種地（月極駐車場）として利用されているケースである。

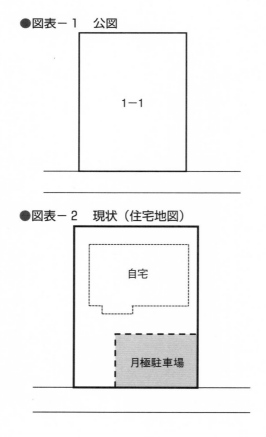

●図表－1　公図

1－1

●図表－2　現状（住宅地図）

自宅

月極駐車場

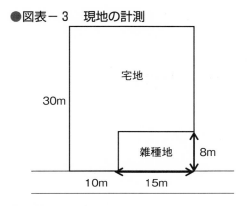

●図表－3　現地の計測

宅地

30m

雑種地

8m

10m　　15m

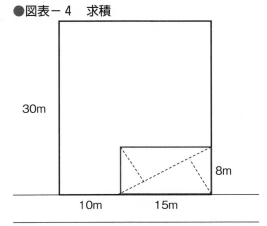

●図表－4　求積

30m

8m

10m　　15m

　土地の総地積は750㎡。市街化区域に存在している。

　このような場合，以下の手順により宅地部分と雑種地部分の地積を算出する。

①　現地にて月極駐車場部分の奥行が何 m で間口が何 m であるのかを簡易的に測る（図表－3）。

②　現地で測ったものを図面に落とし込む。

③　宅地と雑種地の面積を求積する（図表－4）。

　雑種地部分：間口15m×奥行 8 m＝120㎡

　宅地部分：750㎡－120㎡＝630㎡

なお，求積方法は，三斜求積法*1で行うことができるが（図表－
4），近年ではパソコンのソフトにより計測することもできる*2。

2　使用する図面

(1)　図面の種類

　土地の評価を行う場合には，土地の位置や形状を表す図面を用い
て行う。

　図面には，測量図，公図，住宅地図，航空地図，建物図面，建築
確認申請書など様々なものがある。

(2)　公　　　図

　まず，ほぼすべての土地にある代表的な図面が公図である。

　その（広義の）公図には2種類があり，不動産登記法第14条に定
める一定の精度を有するものを「地図」といい，その地図が備え付
けられるまでのものを「地図に準ずる図面（狭義の公図）」という。

　地図に準ずる図面の多くは，明治時代の地租改正に伴い作成され
たものが基となっているため，現況と一致しないケースも見受けら
れるが，実務上，土地の位置や形状を表す図面として一般に利用さ
れている。

---

*1　三斜求積法とは，土地を三角形に区切って，それぞれの三角形の面積を足し合
　わせる三斜面積計算をいう。現代の測量においては，測量で求めた境界点の座標か
　ら，方程式により算出する座標面積計算が主流となっている。
*2　評価実務にあたって，評価担当者は，図面をコピーしたりパソコンにスキャン
　したりすることがある。その際には，縮尺に注意をしなければならない。スキャン
　したり，プリントアウトしたりするときに，縮尺が変わってしまうことがないよう
　に必ず原本と大きさを照らし合わせながら作業を行う必要がある。
　　また，現地や図面上で間口や奥行きを計測する際には，間口が1m異なるだけ
　で，土地の評価額，さらには税額が何千万円と異なるケースもあるため，正確を期
　すよう十分な注意が必要である。

(3) 測 量 図

　図面のうち最も正確に現況を表しているのは，個別に測量した測量図である。

　測量図には大きく分けて2種類があり，隣地所有者の立ち会いの下で境界を確定した確定測量図と，隣地との境界確定は行わず，土地面積，形状などの現況を測量した測量図（俗に現況測量図や実測図，求積図，参考図という。）がある。

　なお，法務局に保存されている地積測量図は，一筆ないし数筆の土地の地積（面積）を法的に確定した図面である。

　実務上，隣地所有者との間で境界が確定していない実測図等であっても，現況と照らし合わせて一致していればその図面が採用できる。

　例えば，隣接地所有者の立会いがなされていない測量図であっても，評価対象地においては各隣接地所有者との間で事実上争いのないものと認められることから『実測図』を採用する裁決事例がある*3。

　また，国税不服審判所が図面と現地を検分した結果，参考図における測点の位置が土地の形状とほぼ一致したことから，『参考図』を採用しているケースもある*4。

(4) 小　　　括

　土地の評価に当たっては，評価対象地を個別に測量した図面が望ましいが，相続財産のすべてを測量しているケースはほとんどなく，また，改めて測量するには時間と費用もかかる。

　したがって，最も一般的に使用されているものは公図である。

　ただし，公図が明らかに現況と違うケースがあり，そのような場合には，実測を行うとか，建築確認申請書に添付された参考図や建

＊3　平成23年6月6日裁決〔熊裁（諸）平22第13号〕
＊4　平成23年9月5日裁決〔福裁（諸）平23第3号〕

物図面など現況を表している他の図面を活用する必要がある。

3 宅地の区分

(1) 1画地の判定

　利用の単位となっている1画地の判定を行うにあたっては，接道の状況[5]，建物や駐車場の位置，居住者の実際の出入り口の利用状況，フェンスや塀，高低差[6]といった外観，借地権や賃借権といった権利関係，建築基準法における建ぺい率や容積率などを総合的に斟酌してこれを行うこととされている。

　例えば，図表－5のように1筆の宅地上に2以上の貸家が建っているケースがある。

　これら2つの土地を評価する場合，まず，居住者の実際の出入り口の利用状況，フェンスや塀，高低差の状況など，両者が明確に区

●図表－5　現況

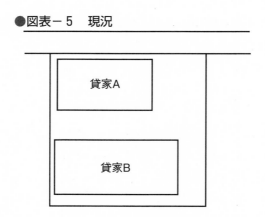

---

*5　建築物の敷地は，建築基準法で認定する道路に2m以上の間口で接しなければならない（建基法43）。
*6　平成25年5月20日裁決〔TAINS・F0－3－433〕においては，宅地の一部に著しい高低差があるような場合においては，その高低差により分断された各部分をそれぞれ1画地の宅地とみるのが相当とされている。

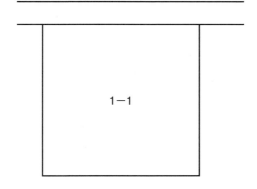

1－1

分されているかどうかを確認する。

　なお，居住者の通路の状況により評価するような場合，次の2つに区分される。

㈠　B土地の通路が明確に区分されている場合

　B土地上の建物の居住者が使う通路の部分が明確に区分されている場合，B土地の評価にあたっては，その通路部分も含めたところで不整形地（路地状敷地）として評価を行う（図表－7）[7]。

●図表－7　通路が区分されているケース

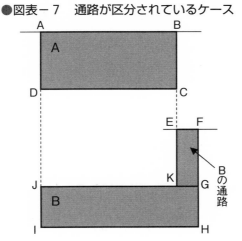

この場合，評価単位はＥ－Ｆ－Ｇ－Ｈ－Ｉ－Ｊ－Ｋ－Ｅ，間口はＥ－Ｆとなり，地積もＥ－Ｆ－Ｇ－Ｈ－Ｉ－Ｊ－Ｋ－Ｅの面積となる。

また，Ａ土地の評価単位はＡ－Ｂ－Ｃ－Ｄ－Ａ，間口はＡ－Ｂとなり，地積もＡ－Ｂ－Ｃ－Ｄ－Ａの面積となる。

㈹　Ｂ土地の通路が明確に区分されていない場合

一方，Ｂ土地上の建物の居住者が使う通路が明確に区分されていない場合，原則として，接道義務を満たす最小の幅員の通路が設置されている土地（路地状敷地）として評価する（図表－８）*8。

この場合，Ｂ土地の評価単位はＥ－Ｆ－Ｇ－Ｈ－Ｉ－Ｊ－Ｋ－Ｅ，間口はＥ－Ｆ，地積はＥ－Ｆ－Ｇ－Ｈ－Ｉ－Ｊ－Ｋ－Ｅとして評価するものの，課税地積はＧ－Ｈ－Ｉ－Ｊ－Ｋ－Ｇの面積となる。

また，Ａ土地の評価単位はＡ－Ｂ－Ｃ－Ｄ－Ａ，間口はＡ－Ｂ，地積はＡ－Ｂ－Ｃ－Ｄ－Ａの面積となる。この場合には，当該通路部分の面積はＡ土地には算入せず，また，無道路地としての補正は行

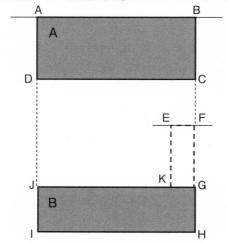

●図表－８　通路が区分されていないケース

＊7　国税庁質疑応答事例『自用地と自用地以外の宅地が連接している場合』参照

＊8　路地状敷地としての評価方法は，99頁参照

わない。

●図表－9　両者の相違点

	図表－7のB土地	図表－8のB土地
評価単位	E－F－G－H－I－J－K－E	同左
間口	E－F	同左
地積	E－F－G－H－I－J－K－E	$\dfrac{G－H－I－J－K－G}{E－F－G－H－I－J－K－E}$

(2)　使用する図面

　実際に評価単位を区切る場合には，以下の方法が考えられる。

　第一に，現況を確認し，現地の状況に合わせて測量した結果を図面に落とし込んで評価単位を分ける方法である。

　第二に，建築計画概要書の添付図面（配置図）をもとに評価単位を分ける方法である。

　建築計画概要書は，土地上の建物を建築する際，建築の許可を得るために，建築主事（市区町村）へ提出した書類であり，どのような画地でどのように接道がなされているかを表す図面が添付されている*9。建築基準法における接道義務を前提していることから，現実の土地の利用状況を表しており，平成18年10月10日裁決〔TAINS・F0－3－152〕においては，2棟の敷地を区分する際において，建築の際に作成された建築確認申請の添付図面にその貸家1棟ごとの敷地面積が記載されていることから，これにしたがって評価単位を分けることが相当とされている（117頁参照）*10。

　第三に，建物図面*11の位置情報を参考に評価単位を分けること

＊9　市区町村の建築指導課等で確認することができる。

＊10　なお，財産評価における1画地とは，あくまで課税価格算定にあたっての単位であるため，必ずしも立法趣旨が異なる建築基準法上の定めに拘束されるものではないと考えられていることに注意したい（静岡地裁平成19年7月12日判決〔税務訴訟資料257号順号10752〕，平成25年5月20日裁決〔TAINS・F0－3－433〕）。

＊11　法務局で確認することができる。

●図表－10　建物図面

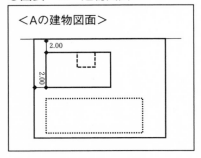

＜Aの建物図面＞

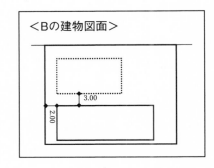

＜Bの建物図面＞

も可能である（図表－10）。

　建物図面は，建物の位置を表示した図面（建物図面）と建物の各階ごとの形状を表示した図面（各階平面図）であり，１つの宅地のうちどの位置に建物が建っているかが記載されている。

　評価単位をわけるにあたっては，いずれの方法においても，現況を表していれば合理的な方法となる。

(3)　複数の建物がある場合

　また，図表－11のように１つの土地上に複数の借家人の異なる貸家が存在するケースである。

　この場合の評価単位は，土地建物の賃借人ごととなるため，それぞれを６つの評価単位に区分する必要がある。

　建物の敷地は，接道の状況，建物の位置，居住者の実際の出入り口の利用状況，フェンスや塀，高低差といった外観，建築基準法における建ぺい率や容積率などを総合的に斟酌して評価単位を判定する。ここでは，建築基準法上の接道義務を考慮して，図表－12のように路地状（旗状）敷地を組み合わせて評価単位を区分することが一般的である。

　なお，言うまでもなく，どのように１画地を判定したかにより，奥行価格補正，不整形地補正，間口狭小補正などの画地補正率が大

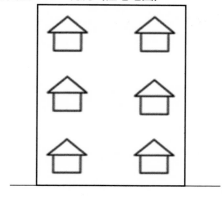

●図表−11　現況（住宅地図）

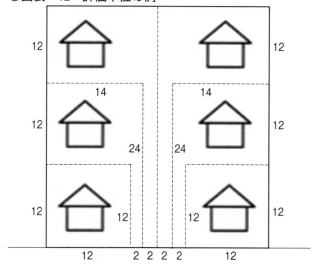

●図表−12　評価単位の例

きく異なってくるため慎重な判断を行いたい。

　それぞれの建物について建築計画概要書があれば，建築した際に
どのような地型を前提として建築しているかがわかり，それに基づ
いて区分する方法も客観的といえる。

4 本章のまとめ

　これまで検討してきたとおり，評価単位の判定は，土地の的確な状況判断，どのような図面を使用するかなど技術的な要素が強く，評価担当者によって十人十色の結果となるといっても過言ではない。

　ただし，いずれにおいても求めるものは土地の時価であり，その時価を適正に算定するための基礎となる宅地（市街地農地等を含む）であれば1画地（利用の単位となる1区画），農地であれば1枚（耕作の単位となる1区画），雑種地であれば同一の目的に供されている一団をいかに正しく判定できるか否かである。

　なお，適正に評価単位を判定するためには，財産評価基本通達の考え方を理解するだけではなく，裁判例や裁決例，国税庁質疑応答事例といった実務上の取り扱いも把握しておかなければならない。

　また，不動産の知識や建築基準法，都市計画法といった行政法規の知識も必要となってくる。税法や会計学を業とする税理士にとって，不動産や行政法規の知識を必要とする評価単位の分野は異質なものに感じられるに違いない。

　それでも，評価単位によって，土地の地型や道路付けが異なり，地積規模の大きな宅地に該当することとなったりならなかったり，不整形地補正や無道路地補正などの各種補正率に違いがでてきたりするため重要な論点である。

　このように，評価単位の論点は，相続税額や贈与税額の確定のために影響の大きいものであり，しっかりと判定を行い，適正な時価を導き出すことができるよう準備しておきたい。

著者紹介

風岡　範哉 （かざおか・のりちか）

1978年生まれ，税理士・宅地建物取引士。

主な著書に『相続税・贈与税通達によらない評価の事例研究』（現代図書，2008年），『税務調査でそこが問われる！相続税・贈与税における名義預金・名義株の税務判断』（清文社，2015年），『新版 グレーゾーンから考える相続・贈与税の土地適正評価の実務』（清文社，2016年），主な論文に「財産評価基本通達6項の現代的課題」第28回日税研究賞入選（2005年）がある。

シリーズ 財産評価の現場
土地の評価単位

令和 3 年11月12日　第 1 刷発行
令和 5 年 1 月26日　第 3 刷発行

著　　者　風岡　範哉

発　　行　株式会社ぎょうせい

〒136-8575　東京都江東区新木場 1 -18-11
URL：https：//gyosei.jp

フリーコール　0120-953-431

ぎょうせい　お問い合わせ　検索　https：//gyosei.jp/inquiry/

〈検印省略〉

印刷　ぎょうせいデジタル株式会社
＊乱丁本・落丁本はお取替えいたします。

©2021　Printed in Japan

ISBN978-4-324-11077-5
(5108765-00-000)
〔略号：土地評価単位〕